MAURICE BLOCK

LES

COMMUNES

ET

LA LIBERTÉ

ÉTUDE D'ADMINISTRATION COMPARÉE

Elibron Classics
www.elibron.com

Elibron Classics series.

ISBN 1-4212-0266-2 (paperback)
ISBN 1-4212-0265-4 (hardcover)

This Elibron Classics Replica Edition is an unabridged facsimile of the edition published in 1876 by Berger-Levrault et Cie,
Paris.

LES COMMUNES

ET LA LIBERTÉ

LES

COMMUNES

ET

LA LIBERTÉ

ÉTUDE D'ADMINISTRATION COMPARÉE

PAR

MAURICE BLOCK

PARIS

BERGER-LEVRAULT ET Cie, LIBRAIRES-ÉDITEURS

5, Rue des Beaux-Arts, 5

MÊME MAISON A NANCY

1876

PRÉFACE

Une nouvelle loi communale étant à l'étude, nous avons cru répondre à un besoin en détachant de notre *Dictionnaire de l'administration française* les pages consacrées à l'organisation communale des principaux pays de l'Europe et de l'Amérique.

Les législations du Royaume-Uni, de la Prusse, de la Bavière, de la Saxe, de la Russie, de l'Autriche, de la Hongrie, de la Suède, du Danemark, des Pays-Bas, de la Suisse, de l'Italie, de l'Espagne, du Portugal, des États-Unis, y sont passées successivement en revue, souvent avec développement et presque toujours en ayant les documents originaux sous les yeux.

Ces pages forment la deuxième partie du présent volume; dans la première partie nous reproduisons, avec de légères modifications, un article inséré dans la *Revue de France* du 31 juillet dernier. Les considérations présentées dans cet article trouvent pour ainsi dire leur confirmation ou leur preuve dans l'exposé destiné à notre *Dictionnaire d'administration.*

Enfin, nous ajoutons quelques renseignements sur les finances communales, qui formeront une troisième partie, et nous réunissons dans un appendice les quatre principales lois communales françaises en vigueur.

M. B.

Paris, 26 août 1876.

LES COMMUNES ET LA LIBERTÉ

ÉTUDE D'ADMINISTRATION COMPARÉE

INTRODUCTION

Nous avons souvent entendu soutenir que l'administration communale française était la moins libre de l'univers. Cette proposition, née en France, était acceptée de confiance par l'étranger qui ne se faisait pas faute de nous reprocher notre prétendue infériorité. A un certain moment de notre histoire ce reproche n'était pas sans quelque fondement, mais il n'a jamais été complétement mérité. Il ne l'était pas, car même sous le régime de la loi du 28 pluviôse an VIII, lorsque non-seulement le maire, mais encore le conseil municipal était nommé par le Gouvernement, il y avait des pays encore plus arriérés que nous; le reproche n'était pas mérité, car nous n'avons jamais accepté notre infériorité, née des circonstances politiques, nous n'avons pas cessé un instant de réclamer une situation meilleure, et c'est précisément dans l'ardeur de la lutte pour le progrès qu'on a émis la proposition que nous discutons.

C'est là, d'ailleurs, sa seule excuse. Que savait-on, en effet, de l'organisation municipale des autres pays? Très-peu de chose. Le seul pays qu'on étudiait, c'était l'Angleterre, mais on ne comprenait pas son organisation. Il y avait bien aussi les États-Unis, mais M. de Tocqueville, malgré l'exactitude et la lucidité de son exposé, a plutôt écrit en homme politique qu'en administrateur; en le relisant nous avons plus d'une fois constaté des lacunes importantes. Il ne connaissait, d'ailleurs, qu'une assez faible partie de ce vaste pays. Le jugement qu'on portait sur notre administration communale n'était donc qu'un jugement *à priori*, dans lequel le vrai et le faux se mêlaient dans des proportions variables selon les époques. Notre organisation communale, en effet, a subi avec le temps bien des changements, et elle est loin d'être restée stationnaire. Mais si des progrès notables ont été réalisés par nos lois municipales de 1831, 1837, 1855, 1867 et par des dispositions isolées, d'autres pays ont également marché et il reste difficile de déterminer avec rigueur la place exacte que notre législation communale occupe, entre les divers pays, sur l'échelle de la liberté. Existe-t-il, d'ailleurs, un criterium infaillible, universellement admis, de la liberté municipale? — Cette liberté consiste-t-elle dans l'élection du maire, dans le nombre des conseillers municipaux, dans le vote plus ou moins indépendant des taxes locales, dans la multiplicité des attributions, dans l'absence de toute surveillance gouvernementale? L'autonomie complète, que des esprits extrêmes ont demandée avec tant de passion, nous verrons plus loin qu'elle n'existe nulle part; les communes n'ont partout que les libertés que le législateur trouve utile de leur accorder. Les limites du pouvoir municipal restent constamment visibles, et si l'État semble avoir ouvert, ici ou là, une porte plus grande à l'initiative communale, c'est qu'on ne voit pas toujours la chaîne tendue en travers, ni le profond fossé qu'il faudrait franchir à la sortie. De cette sorte, les avantages sont souvent compensés par les inconvénients. Au reste, nos sentiments, nos habitudes, nos préjugés même, ne manquent pas d'exercer leur influence sur nos appréciations. Aussi n'avons-nous pas la prétention de classer les pays selon le nombre des libertés communales qu'ils accordent : notre but est bien plus modeste, nous voulons seulement exposer en quelques traits ce qui existe, afin que chacun puisse juger en connaissance de cause. Nous passerons ainsi en revue, dans cette première partie, la délimitation de la commune, le droit électoral, l'organisation de l'administration municipale, les attributions propres et les attributions déléguées et nous terminerons par un court résumé; dans la deuxième partie, nous exposerons la législation communale des différents pays, en entrant dans un peu plus de développements, et nous compléterons ces données, dans une troisième partie, par quelques renseignements sur les finances locales.

PREMIÈRE PARTIE

CHAPITRE Ier

LE TERRITOIRE DE LA COMMUNE ET SA POPULATION. LE DROIT ÉLECTORAL.

Si l'espace le permettait, nous aurions entrepris la réfutation en règle, avec pièces à l'appui, de cette erreur que la commune a précédé l'État ; nous nous bornerons à dire qu'une ville libre n'est pas une commune, mais un État. C'est seulement lorsque l'État cesse d'être une agglomération unique d'hommes que la commune naît, soit par suite de conquête, soit par suite de colonisation, et dans ces deux cas la commune prend une situation plus ou moins subordonnée envers l'État. Au reste, cette question n'a aucune importance pratique ; en fait, la commune est une unité collective, — une corporation ou personne civile ; — en fait encore, elle est une subdivision de l'État, une circonscription administrative. Aussi, dans tous les pays sans exception, c'est l'État qui trace les limites des communes, qui en réunit deux en une, ou qui divise une commune et donne l'indépendance municipale à chacune de ses parties. C'est l'État encore qui fixe par ses lois l'organisation et les droits des communes. Ce sont là des faits patents, universels, et nous n'avons pas besoin de les nier pour reconnaître qu'on doit conférer à l'administration locale une assez grande somme de liberté. Personne ne prétend que les départements aient existé avant la France, et pourtant il y a eu une tendance presque constante à étendre les droits des conseils généraux, peut-être même un peu au delà du nécessaire. Ni dans l'antiquité, ni au moyen âge, ni depuis 1789, les gouvernements n'ont eu le moindre doute sur leurs pouvoirs relativement aux communes. C'était un point fondamental de la politique des Romains de conférer des droits différents aux villes et territoires qu'ils se soumettaient, et d'étendre ou de diminuer leurs libertés à volonté. Les chartes de nos rois — et il en était de même dans les autres pays — traitaient chaque ville selon les intérêts du moment — intérêts plus ou moins sonnants, — et sans se préoccuper de principes généraux ou d'uniformité. Il en était ainsi des libertés, il en était ainsi encore des limites du territoire communal. Ce dernier point est maintenant réglé en France par le titre Ier de la loi du 18 juillet 1837, loi qui fait la part du pouvoir exécutif et celle du Parlement.

Il ne semble pas intéressant d'entrer dans des détails sur la législation relative à cette matière dans les divers pays de l'Europe. Partout, comme en France, on respecte les limites traditionnelles, mais lorsqu'il se présente une raison pour les modifier, aucun gouvernement n'hésite à user de ses droits. Les États-Unis seuls, comme « pays neufs », peuvent présenter quelque intérêt. Or, la chose y est simple ; voyez par exemple l'article 8, 1re section, § 9, de la Constitution de New-York ; il est dit dans ce paragraphe : « La législature sera tenue de prendre les mesures nécessaires pour l'organisation des cités et des villages incorporés (déclarés municipalités), et elle restreindra leur droit de s'imposer des taxes et de contracter des emprunts ou de prêter leur crédit, afin de prévenir les abus en matière d'imposition et de dettes qui peuvent s'établir dans ces corporations[1]. » Des dispositions analogues se trouvent, d'une manière plus ou moins explicite, dans les lois de tous les États de l'Union, et les différences sont plus particulièrement fondées sur la diversité des systèmes municipaux en vigueur. On y compte, en effet, trois systèmes : 1° celui des *towns* ou *townships* (commune); 2° celui des comtés ; et 3° le système mixte. Dans chacun de ces trois systèmes le législateur fixe la grandeur du territoire, le délimite, et formule les principes de l'organisation communale ; dans le Nord, la tradition fait remettre les pouvoirs municipaux à la *town* (commune), et réduit le comté à n'être qu'un ressort judiciaire; dans le Sud, c'est le comté qui a la

(1) Voici le texte : « It shall be the duty of the legislature to provide for the organisation of cities and incorporated villages, and to restrict their power of taxation, assessement, borrowing money, contracting debts and loaning their credit, so as to prevent abuses in assessements, and in contracting debts by such municipal corporations. » Édition officielle de la *Constitution* (New-York), 1867, p. 175.

pleine jouissance des pouvoirs municipaux; les localités, ou les habitants des carrés de territoire qu'on appelle *town*, n'en exercent qu'une partie; le système mixte s'établit dans les États de date plus récente. On le voit, en Amérique comme en Europe, les limites du territoire de la commune sont tracées, changées ou fixées par l'État.

La population d'une commune est bien plus difficile à déterminer que son territoire, cela s'applique surtout à ce qu'on pourrait appeler sa *population légale*, celle qui jouit des droits municipaux, politiques et civils. En France, comme dans tous les autres pays, il faut remplir certaines conditions pour être en possession de tous ses droits municipaux. En 1789 (loi du 14 déc.), pour être électeur, il fallait être « citoyen actif »; en 1831 (loi du 21 mars) on exigeait un cens, dont les « capacités » étaient dispensées; à partir de 1848, il suffit d'être Français, âgé de 21 ans, et d'habiter la commune depuis un temps déterminé. La durée de ce temps a varié, et l'on a attaché bien de l'importance à l'allongement ou à la réduction de la période d'épreuve. Évidemment, le nombre de mois ou d'années de séjour qu'on peut exiger pour l'électorat est purement arbitraire, mais nous doutons qu'il y ait intérêt à trop le raccourcir. En dehors de ces conditions générales, la loi française n'en pose plus. Tout Français qui n'est pas sous la surveillance de la haute police peut s'établir dans n'importe quelle commune et y acquérir tous les droits, sans avoir rien à payer, sans avoir aucune autorisation à demander.

Il en est maintenant ainsi dans presque tous les pays de l'Europe. En Allemagne, ce droit fut généralisé par la loi du 1er novembre 1867 sur *la liberté d'établissement* (Freizügigkeit); il est donc de date bien récente. En Russie, l'organisation particulière de la commune rurale, qui a la possession du sol, peut offrir quelques difficultés; en Suisse, le droit de chaque citoyen helvétique de s'établir dans un autre canton ne date que de la Constitution de 1848, encore reste-t-il une profonde différence dans chaque localité entre les « bourgeois » et les « habitants », sans parler des « séjournants ». Toutefois, si des lois relativement récentes ont effacé une partie de ces distinctions plus ou moins subtiles, il en est resté encore que nous aurons à signaler. En attendant, il est heureux que la liberté d'établissement, qui est presque la liberté d'aller et de venir, soit reconnue; il ne resterait plus, dans quelques pays, qu'à étendre le droit électoral pour que la commune légale devienne presque identique à la commune réelle.

Nous allons passer en revue les conditions de l'électorat municipal dans les différents pays. Nous nous bornons ici à faire remarquer que dans beaucoup de pays on distingue les communes urbaines des communes rurales; nous nous expliquerons sur ce point dans le chapitre suivant.

Commençons par la Russie. Dans les villes (loi du 16 juin 1870), tout sujet russe, âgé de 25 ans, propriétaire d'un immeuble soumis à la contribution foncière, ou d'un établissement industriel ou commercial, ayant résidé deux ans dans la ville, et y payant régulièrement ses impositions communales, est électeur. Les femmes, si elles sont chefs d'établissement ou propriétaires, peuvent prendre part aux élections par un mandataire; il en est de même des personnes temporairement absentes. Dans les communes rurales, tout chef de famille possesseur d'une maison (les veuves aussi) fait partie de l'assemblée communale qui décide directement des affaires locales, et c'est cette assemblée qui désigne, le plus souvent par acclamation, les personnes qui doivent faire partie de l'assemblée cantonale, le canton (*volost*) étant la vraie commune municipale.

La Prusse vient de discuter une nouvelle loi sur l'organisation communale des villes, sur la rédaction de laquelle les deux Chambres n'ont pas pu se mettre d'accord; nous avons sous les yeux le projet de loi, ainsi que les amendements votés par les Chambres. Le projet modifie un peu les dispositions de la loi organique du 30 mai 1853 et introduit ou confirme deux mesures libérales : l'une réduit le cens électoral de 12 à 6 marks (7 fr. 50 c.), l'autre confirme la suppression de la taxe à payer pour acquérir le droit de bourgeoisie, suppression décrétée par la loi du 16 juin 1867. Actuellement, tout Allemand jouissant de ses droits civils, âgé de 24 ans et porté pour au moins 12 marks au rôle de l'impôt sur le revenu, est électeur communal [il n'y a pas de cens pour l'électeur politique [1]]. Les électeurs des villes (sauf quelques exceptions) sont divisés en trois colléges, comprenant les plus imposés, les moins imposés et la classe intermédiaire, jusqu'à concurrence, pour chaque classe, du tiers de l'impôt. Ce classement a pour but d'arriver à donner à chaque habitant une part d'influence proportionnelle à ses charges communales. — Dans les communes rurales, où souvent il n'y a pas de conseil municipal, mais une assemblée communale dont chaque électeur fait partie, il faut être chef de famille et propriétaire ou fermier d'une maison. Les propriétaires n'ont même pas besoin d'habiter pour avoir voix au chapitre (lois de 1856 et de 1872). Du reste, il n'y a pas, sur ce point, de loi générale, ou plutôt la loi reconnaît et accepte les différences locales consacrées par la tradition.

Parmi les autres pays du continent, quelques-uns, comme la Bavière, la Saxe, la Suède, le Danemark, distinguent également les villes

(1) Dans d'autres pays, par exemple en Belgique, le cens communal est inférieur au cens politique.

des campagnes; ils rattachent généralement le droit électoral au paiement d'une taxe, sans fixer un cens déterminé. Un cens déterminé est exigé en Belgique, 10 fr. d'impôts directs; en Hollande, la moitié du cens fixé pour les élections politiques; en Italie, un chiffre croissant avec la population des villes. Il est vrai que l'Italie accorde la franchise électorale aux « capacités », ainsi qu'aux gens décorés pour un acte de valeur (militaire), ou pour un acte de courage et « d'humanité » (par exemple, sauvetage); mais les *analfabeti,* ceux qui ne savent pas lire, ne sont ni électeurs, ni éligibles (loi du 20 mars 1865, art. 26). En Suisse, en Espagne, en Portugal [1], ces conditions présentent une certaine complication, mais il n'y a plus de cens, on exige seulement que l'électeur soit porté au rôle des contribuables. Presque partout le fait de recevoir l'aumône est un motif d'exclusion de la liste électorale. D'un autre côté, si l'on rencontre le droit à des voix multiples dans la loi prussienne de 1856 sur les communes rurales, dans certaines lois anglaises, ce droit avait été

[1] Voyez ces pays dans la deuxième partie.

poussé à l'extrême en Suède, par la loi communale de 1862. Chaque électeur avait autant de voix qu'il payait de fois un certain chiffre d'impôt, qui différait selon les localités. Supposons que l'unité fût de 5 fr., alors 50 fr. donnaient droit à 10 voix, 100 fr. à 20 voix, etc.; c'était un moyen de mettre en rapport les charges et les avantages. Mais cette législation donnait parfois, dans une commune, la majorité à un seul habitant; aussi une loi de 1869 a réduit à 100 le maximum des voix dont le même citoyen pouvait disposer, et cela seulement dans les communes comptant au moins 5,000 électeurs; dans les autres, personne ne peut disposer de plus du cinquantième de l'ensemble des voix.

La législation anglaise se distingue bien moins qu'on ne le croit de celle de plusieurs États du continent. On y retrouve la distinction entre les villes et les campagnes que nous avons constatée dans d'autres pays, et aussi la condition de payer des impôts locaux, et de ne pas recevoir d'aumône, pour être électeur. Tout Anglais majeur qui remplit ces conditions est membre de la paroisse civile, c'est-à-dire de la commune rurale; or, comme il faut une charte pour faire une ville (*borough, city*), il pourrait y avoir des communes rurales de 50 et 100,000 habitants adonnés uniquement à l'industrie. Il est vrai que le langage usuel cesserait de qualifier ces agglomérations de paroisses, on les nommerait *town*, mot qu'on traduit également par ville, mais seulement par politesse. La vraie ville, la ville légale, c'est le bourg (*borough*). Le bourg est, pour ainsi dire, une ville privilégiée; c'est une circonscription électorale qui envoie un ou plusieurs députés au Parlement, c'est encore une « corporation » ayant les droits que nous exposerons par la suite. Ici, nous dirons seulement que les électeurs urbains sont de deux sortes: les *burgesses* héréditaires, ceux qui jouissaient de ce droit en 1835 et leurs descendants, et les *burgesses* (bourgeois) qui remplissent les conditions suivantes : être Anglais, majeur, possédant une maison ou un établissement depuis au moins deux ans, payant ses taxes et ne pas avoir vécu de charité dans les douze mois précédents. Entre les bourgeois héréditaires et les autres, il y a cette différence que les premiers ont seuls droit aux produits de certains fonds que la ville possédait en 1835; c'est une distinction qu'on rencontre en Suisse et dans quelques autres pays, mais qui tend à disparaître.

Ce court exposé suffit pour mettre en lumière un premier point, c'est qu'aucun pays n'a prodigué ce droit électoral municipal plus largement que la France. La contrée la plus avancée arrive tout au plus à se mettre à notre niveau. Nous ne connaissons pas ces différences entre le bourgeois et l'habitant qui causent tant d'irritation en Suisse, et nous n'avons plus de cens. Peut-être trouverait-on quelques détails à emprunter à telle législation étrangère, mais plus d'un de nos voisins ferait bien d'étudier nos lois. Du reste, on ne s'en fait pas faute, seulement peu de pays trouvent bon d'imiter notre manie de faire table rase : nous renversons pour réédifier, nos émules se bornent à transformer, à compléter, en respectant toutes les traditions qui leur en paraissent dignes.

CHAPITRE II

L'ADMINISTRATION COMMUNALE.

Un trait commun à la plupart des législations municipales, c'est la division des pouvoirs en exécutif et législatif, ou si l'on aime mieux, en conseil et exécution. Cette division est fondée sur la nature des choses, mais sa mise en œuvre a pu varier selon les circonstances. Sans remonter jusqu'aux Romains, où nous trouvons les *duumviri* et la curie créés à l'image des consuls et du sénat, en nous bornant à passer en revue les systèmes existants, nous trouvons :

Un maire et un conseil, ou un maire et une assemblée communale;

Un maire et deux conseils;

Un comité et un conseil, ou un comité et une assemblée communale ;

La décentralisation de l'exécutif et une assemblée communale;

La division des pouvoirs municipaux entre la commune et le canton ou le comité.

Cette diversité se rencontre quelquefois dans

le même État et provient en grande partie de l'usage de distinguer les communes urbaines des communes rurales. La France, depuis le 4 août 1789, et surtout depuis la loi du 14 décembre 1789 et l'instruction parlementaire qui l'a suivie, est censée ne plus connaître cette distinction. L'instruction précitée déclare (§ 2) « que toutes les municipalités du royaume, soit de ville, soit de campagne, sont de même nature et sur la même ligne dans l'ordre de la Constitution... » et cette égalité se trouve confirmée par plusieurs autres textes. Mais telle est la force des choses qu'on a dû abandonner le principe de l'égalité, si cher à nos cœurs. Les maires des petites communes sont élus — par les citoyens ou par les conseils municipaux, — les maires des grandes communes sont nommés par le Gouvernement. Peu importe que la loi s'arrête à tel ou tel chiffre de la population, qu'elle comprenne seulement les chefs-lieux de département ou qu'elle descende aux chefs-lieux d'arrondissement ou même de canton, le principe est le même : il n'y a plus d'égalité. La législation distingue aussi les villes d'après le montant de leur revenu ; la loi du 28 juillet 1837 (art. 33) faisait régler par le roi les budgets de 100,000 fr. et au-dessus, tandis que la loi du 24 juillet 1867 (art. 15) se borne à faire régler par l'empereur les budgets de 3 millions et au-dessus ; mais ici aussi la différence des chiffres ne change rien au principe. Enfin la loi du 5 mai 1855 (art. 50) enlève aux maires des villes de 40,000 âmes et au-dessus une partie de leurs attributions de police et les confère aux préfets, pour ne les rendre en partie qu'en 1867. Ainsi, les communes ne sont pas toutes traitées sur le même pied, mais si l'on compare les distinctions établies en France avec celles qu'on fait à l'étranger, on constatera une différence remarquable. En France, les lois sont moins favorables aux communes urbaines qu'aux communes rurales ; partout ailleurs, ce sont les villes qu'on favorise, ou qu'on semble favoriser. A l'étranger, on confère aux villes plus de libertés qu'aux villages. On est d'avis que l'administration communale exige plus de savoir et d'intelligence qu'on en rencontre habituellement dans une petite localité, et, par conséquent, qu'on doit tenir les petites communes en tutelle; dans les villes, les hommes instruits abondent; on peut, au besoin, rétribuer des employés capables, rien ne s'oppose donc à conférer aux grandes communes toute l'indépendance que le droit public comporte. Pourquoi la loi française traite-t-elle moins bien les villes? Ce ne peut être que par des raisons politiques. A tort ou à raison on se défie des villes. Nous n'aborderons pas ici l'examen de cette question, car la politique n'entre pas dans notre cadre. Nous dirons seulement que, dans les pays où les villes jouissent d'une initiative plus étendue, le pouvoir exécutif municipal n'est pas entre les mains d'un seul homme, mais entre les mains d'un comité, dont les membres, comme le maire qui les préside, sont généralement nommés par le Gouvernement, ou du moins confirmés par lui; et ce comité peut, dans plus d'un cas, tenir tête au conseil municipal (1). Dans beaucoup de ces villes, le Gouvernement entretient en outre un agent de police spécial. Donnons quelques détails sur l'organisation de ces comités.

(1) On trouvera une disposition analogue dans la loi française du 24 juillet 1867, art. 1er.

En fait, on retrouve le comité exécutif presque partout, sauf en France. En Belgique, nous voyons « le collége des bourgmestres et échevins »; en Hollande, le *burgemeester en wethouders;* en Espagne, l'*ayuntamiento* se compose de l'*alcade* avec des *tenientes* et des *regidores;* en Italie, il y a une *giunta* comprenant le maire (*sindaco*) et plusieurs conseillers; en Suisse, il y a un comité avec un président (*landammann*). Il en est de même dans les pays scandinaves, en Autriche, etc. Nous devons nous borner, pour ces pays, à cette rapide énumération, mais nous nous arrêterons quelque peu sur trois États, la Russie, la Prusse, l'Angleterre, contrées différentes sous tant de rapports, mais dont l'organisation communale a plusieurs traits de ressemblance : distinction entre les villes et les campagnes; — dans les campagnes, le remplacement du conseil municipal par l'assemblée communale (la réunion des chefs de famille); enfin, le partage des pouvoirs municipaux entre la commune et un district que nous appellerons canton. En Russie, la commune rurale (*mir*) élit son *starosta* ou ancien (maire), et l'assemblée délibère sur ses intérêts économiques, sur les partages du sol (qui deviennent de moins en moins fréquents), sur la répartition et la perception des impôts, sur le recrutement; tout le reste est de la compétence du canton (*volost*). Le canton se compose de plusieurs communes, ou si le village a plus de 2,000 âmes, ce qui est fréquent, il est à lui seul le canton. Le conseil cantonal se compose des *starosta* et autres fonctionnaires électifs des communes et d'un délégué par dix feux, élu par ses concitoyens. Ce conseil élit le maire du canton, *starchina*, et un comité cantonal, et ses délibérations s'étendent sur l'ensemble des matières communales. En Prusse, surtout dans les provinces orientales, les communes rurales moyennes ou petites n'ont pas de conseil; l'assemblée des chefs de famille élit un « chef de commune » (*Gemeindevorsteher*) ou maire et deux échevins. Dans les communes qui ont un conseil municipal, c'est ce dernier qui élit le maire et les échevins. Le canton, qui est de création récente dans la plupart des provinces prussiennes, est administré par un bailli, nommé par le Gouvernement, lequel est secondé par un conseil cantonal composé de délégués communaux, chaque commune en envoyant un nombre proportionnel à son importance : s'il faut *un* délégué, c'est le maire; s'il en faut deux ou trois, le maire est accompagné d'un ou deux échevins; s'il en faut davantage, la commune complète sa délégation en lui adjoignant quelques habitants nommés au scrutin. En Angleterre, nous avons le *vestry*, littéralement : la sacristie; l'assemblée communale portait et porte encore le nom de l'endroit où elle se réunissait, mais d'où les lois modernes s'appliquent à la faire sortir : les communes sont tenues de se procurer un autre local (loi 13 et 14 Victoria, chapitre 57). C'est qu'il ne s'agit plus seulement de la paroisse religieuse, mais encore de la paroisse civile. L'assemblée communale, dite maintenant *open vestry* (vestry ouvert), tend à être remplacée par un *select vestry*, un vestry choisi ou élu, c'est-à-dire un conseil municipal. La loi de 1 et 2 Guillaume IV, chapitre 90 (dit *Hobhouse Act*), oblige les communes à constituer un *se-*

lect vestry si, dans une commune d'au moins 800 âmes, un cinquième des contribuables le demandent. Si la proposition est adoptée, le nombre des membres du conseil est proportionnel à la population; il est de 12 au moins, non compris les *churchwardens* (marguilliers), qui sont membres de droit. Les pouvoirs des *vestries* « ouverts » ou « élus » sont limités, ils ont besoin d'être complétés tantôt par le bureau (cantonal) des gardiens des pauvres, tantôt par les juges de paix, qui représentent le comté (département). Enfin, les *vestries* n'ont pas de maire à nommer, le pouvoir exécutif municipal étant décentralisé, mode d'organisation auquel nous aurons à revenir.

Ainsi donc, un grand nombre de communes rurales sont sans représentation; les habitants s'occupent personnellement de leurs affaires. Outre les pays que nous avons nommés, il faut mentionner encore la Suisse et la Suède comme en fournissant des exemples. Mais partout les grandes communes, et dans la plupart des contrées toutes les communes, ont une représentation élue, un conseil municipal. Nous n'avons rencontré qu'un ou deux pays où l'on pût être membre du conseil municipal sans avoir été élu, c'est-à-dire de plein droit, par exemple en Autriche [1], et notamment en Bohême, dans la Silésie, la Basse-Autriche, la Moravie, la Galicie, la Carinthie, la Carniole et la Bukowine. La loi autrichienne du 5 mars 1862 n'avait fait que poser des principes généraux que chaque province ou « État de la couronne » pouvait développer par une loi locale. Dans ces provinces, on est membre de droit si l'on paye un certain chiffre d'impôt. En Danemark, la moitié plus *un* des conseillers municipaux est élue par l'ensemble des électeurs; les autres sont élus par les plus imposés, c'est-à-dire ceux qui payent les deux tiers de l'impôt (loi du 26 mai 1868). En Espagne, la loi de 1870 donne au sort une influence sur la formation du conseil municipal.

(1) Le maire nommé par le Gouvernement, s'il a entrée dans le conseil, n'en est pas membre; le *churchwarden* est élu.

L'article 30 de la loi saxonne du 24 avril 1873, relative aux communes rurales, donne un droit de représentation aux propriétaires de biens qui ne faisaient pas autrefois partie de la commune, mais qui les ont annexés volontairement à la commune. Voyez dans la deuxième partie, la section SAXE.

Si, dans les campagnes, à côté de l'assemblée communale, nous trouvons le plus souvent un fonctionnaire unique, le maire, dans les villes nous rencontrons presque partout un conseil municipal et un comité exécutif. C'est en Allemagne, « le magistrat » ; en Italie, la « giunta » ; en Espagne, « l'ayuntamiento », etc. Dans les villes anglaises et américaines, nous voyons même une sorte de chambre haute entre le mayor (maire) et le *town council* (conseil municipal), la cour des *aldermen;* c'est un véritable sénat, un collége des anciens. A Londres, ce sont des conseillers municipaux élus à vie et parmi lesquels est choisi le maire; dans les autres villes anglaises, les aldermen sont élus pour six ans ; aux États-Unis, souvent on les renouvelle annuellement, comme les membres du conseil municipal. Du reste, on peut aussi, dans une certaine mesure, considérer le maire et les aldermen en Angleterre comme un comité exécutif de même nature que le magistrat en Allemagne et en Suède, la giunta en Italie, l'ayuntamiento en Espagne. La France est peut-être l'unique pays où le maire soit fonctionnaire exécutif à lui tout seul, les adjoints n'ayant pas de pouvoir propre en présence du maire.

Il n'est pas possible d'entrer ici dans des détails sur la composition des comités exécutifs (voir la deuxième partie); mais comme ces comités sont tous présidés par un fonctionnaire portant un titre particulier (maire, bourgmestre, alcade, etc.), investi de pouvoirs supérieurs à ceux d'un simple membre; comme, d'ailleurs, dans tous les pays l'État a dû déléguer à ce fonctionnaire une partie de la puissance publique, il n'est pas sans intérêt de nous informer de son origine. En parcourant les lois municipales, nous trouvons les diverses combinaisons suivantes : 1° le maire est nommé par le Gouvernement en Belgique, Hollande, Danemark, Suède, Portugal, même hors du conseil; en Italie, où il est également nommé, il doit être pris dans le conseil. 2° Le maire est élu par le conseil municipal et confirmé par le Gouvernement en Russie, Prusse, Saxe, Bavière, Espagne (antérieurement à la dernière révolution), Grèce, à Londres. Sauf à Londres, la confirmation est une chose sérieuse;

il faut qu'on présente au Gouvernement un maire agréable, sinon il le refuse. 3° Le maire est élu par le conseil sans avoir besoin d'être confirmé, dans les villes anglaises, en Autriche (sauf dans les capitales), en Espagne (loi de 1870), en Suisse, aux États-Unis. En Autriche, le maire est élu pour trois ans, prête le serment constitutionnel (fidélité à l'empereur); aux États-Unis, le mayor prête trois serments : le serment professionnel (par exemple, qu'il ne mettra pas la main dans la caisse de la ville), puis le double serment constitutionnel à son État et à la Confédération. En Suisse, comme les affaires sont généralement traitées par l'assemblée communale, le maire est souvent un simple président du comité exécutif nommé par cette assemblée, et ses pouvoirs sont peu étendus.

Il resterait à indiquer l'organisation communale où l'autorité exécutive est décentralisée. Il ne faut pas confondre cette organisation avec les administrations collectives, les colléges des bourgmestres et échevins belges, les magistrats allemands, etc.; ces comités forment des unités qui agissent en commun, décident à la majorité des voix, et leur pouvoir embrasse l'ensemble des attributions municipales. Nous disons que l'autorité exécutive est décentralisée, parce qu'elle est divisée entre plusieurs personnes qui n'ont généralement aucun lien entre elles. Ainsi, dans les communes rurales de l'Angleterre, il y a des *churchwardens* ou marguilliers chargés de l'administration des affaires du culte, auxquels il incombe aussi de réunir l'assemblée communale sur la requête de dix contribuables, de dresser la liste des jurés, et qui peuvent être aussi inspecteurs des pauvres. Ces inspecteurs, qu'ils soient (selon le cas) élus par la paroisse ou nommés par les juges de paix, ont le droit d'imposer à la commune des centimes additionnels dont le produit est employé à l'assistance des pauvres. Les chemins vicinaux sont entre les mains de *surveyors* élus annuellement et généralement non rétribués; ces *surveyors* (surveillants) ont le droit de lever les impositions nécessaires à la réparation des chemins. Pour la salubrité, il y a souvent une commission spéciale, mais on peut conférer ses pouvoirs à l'inspecteur ou aux gardiens des pauvres.

Ce cumul de fonctions, qui devient de plus en plus fréquent, a pour cause le petit nombre de personnes capables dont une paroisse dispose. Du reste, l'administration communale se compliquant de plus en plus, les charges ou offices communaux deviennent des fonctions salariées. Nous sommes loin d'avoir nommé tous les officiers qui sont des démembrements du pouvoir exécutif municipal. Il y a, par exemple, les inspecteurs de l'éclairage; ils peuvent prendre des règlements, mais ils ne peuvent pas lever d'imposition, ils doivent requérir l'inspecteur des pauvres de leur fournir des fonds; il y a ensuite les habitants chargés de veiller au feu; l'instruction primaire a son *schoolboard* (commission scolaire), qui a des pouvoirs très-étendus. Un fonctionnaire spécial, généralement le secrétaire du bureau des pauvres, est chargé de l'état civil.

Un système analogue existe dans les communes rurales des États-Unis. Au lieu du churchwarden, ce sont des « élus » (*select-men*) qui convoquent l'assemblée communale et exécutent les décisions pour lesquelles il n'y a pas de fonctionnaires spéciaux. M. de Tocqueville a compté dix-neuf fonctionnaires communaux (1). Il convient cependant de faire remarquer qu'il y a, aux États-Unis encore plus qu'en Angleterre, une tendance à la centralisation des pouvoirs. Une commune de quelques centaines ou quelques milliers d'habitants (le chiffre diffère par État) peut se faire « incorporer » ou déclarer *corporation,* nous pourrions dire élever au grade de ville. Les villes ont un maire et s'appuient sur un corps représentatif; c'est dire que les pouvoirs municipaux y sont délégués quant à la délibération et centralisés quant à l'exécution.

Si, pour terminer ce chapitre comme le précédent, nous nous demandions quelle est l'organisation la plus libérale, nous serions quelque peu embarrassé. La nomination des maires est plutôt une question politique qu'administrative; chaque pays doit donc la résoudre à sa manière. Si les maires sont nommés, ou du moins confirmés dans la plupart des contrées, c'est parce qu'ils ne représentent pas seulement la commune, mais

(1) Dans quelques communes des Grisons, l'éparpillement des fonctions est encore plus grand.

encore le Gouvernement; leurs attributions gouvernementales sont même, on le verra plus loin, bien plus nombreuses que leurs attributions purement communales. Dans les contrées où la disposition des esprits est peu conservatrice, l'intervention du Gouvernement dans la nomination des maires paraît plus nécessaire que dans celles où les institutions ont plus de stabilité. On doit aussi tenir compte des contrepoids qui peuvent exister, soit que le maire ait l'obligation de consulter les membres d'un comité, soit que le Gouvernement ait chargé un fonctionnaire spécial du maintien de l'ordre, comme en Russie, en Prusse, à Londres, à Boston et dans d'autres grandes villes. Encore une fois, la question est purement politique; dans le même pays, la solution peut différer selon les époques et changer avec les faits, les sentiments, les courants d'opinion. Mais, quelle que soit l'opinion à laquelle on appartienne, on conviendra que, même en nommant les maires, nous pouvons encore nous comparer avantageusement avec tel pays qui passe depuis longtemps pour libéral.

CHAPITRE III

LES ATTRIBUTIONS NATURELLES DES COMMUNES.

Les publicistes ne sont nullement d'accord sur ce qu'on doit appeler *les attributions naturelles des communes*. La comparaison des diverses législations ne nous apprend rien sur cette difficile matière; elle nous fait connaître, il est vrai, l'étendue des pouvoirs que chaque pays a jugé à propos de conférer ou de laisser aux communes, mais dans ces pouvoirs nous ne savons pas toujours distinguer ceux qui sont propres à la commune de ceux que le législateur ou le Gouvernement a trouvé bon de lui déléguer. Cette distinction est pourtant presque indispensable pour apprécier le degré de liberté dont les communes jouissent, car la liberté ne se mesure pas d'après ce qu'on a bien voulu leur accorder de pouvoirs politiques, mais de ce qu'on leur a laissé de droits civils. Les auteurs que nous avons consultés ont été inspirés par le sentiment plutôt que par la raison. Royer-Collard a dit : « La commune est, comme la famille, avant l'État; la loi politique la trouve et ne la crée point. » Cette proposition est historiquement inexacte, et, à voir les développements qu'elle inspire à un esprit réfléchi comme Vivien, on doit se convaincre qu'il ne s'agit là que d'une effusion du sentiment. « C'est dans la commune, dit Vivien [1], que naissent les premiers sentiments qui attachent les hommes au sol natal. Ils y trouvent les souvenirs de leur enfance, les émotions de la famille, les pensées de l'avenir, les rapports d'affection et de voisinage, des intérêts communs, des besoins partagés, un théâtre où s'exercent leurs facultés, où se déploient leurs dispositions, où demeurent les juges habituels de leur vie, et la plupart des individus ne sortent jamais de cette enceinte, si resserrée qu'elle soit. » Tout cela est excellent; mais ne nous fait pas connaître les pouvoirs propres à la commune.

Henrion de Pensey s'exprime ainsi sur la matière : « Au-dessous du pouvoir législatif, exécutif et judiciaire, il en est un quatrième qui, tout à la fois public et privé, réunit l'au-

[1] *Études administratives*. Paris, Guillaumin, t. II, p. 23.

torité du magistrat à celle du père de famille, c'est le pouvoir municipal. » Tocqueville, qu'on cite souvent et avec raison, n'envisage la commune qu'au point de vue politique. « C'est dans la commune, dit-il, que réside la force des peuples libres. » Le point de vue politique domine souvent, même dans les auteurs qui ne le mettent pas expressément en avant, et les empêche d'envisager uniquement le point de vue civil pur. Nous allons donc essayer de nous en tenir ici à ce seul côté de la question (1). Or, la com-

(1) Nous aurions pu nous borner à copier trois articles de la lettre-patente du 14 décembre 1789 sur la constitution des municipalités, mais la police, même locale, est considérée par de très-bons esprits, en France, et par presque tous les pays comme une attribution de l'État, qu'on fait d'ailleurs bien, sans doute, de déléguer à la commune. Voici ces articles :

« Art 49. Les corps municipaux auront deux espèces de fonctions à remplir : les unes, propres au pouvoir municipal ; les autres, propres à l'administration générale de l'État, et déléguées par elle aux municipalités.

« Art. 50. Les fonctions propres au pouvoir municipal sont : de régir les biens communs des villes, bourgs, paroisses et communautés ; de régler et d'acquitter celles des dépenses locales qui doivent être payées des deniers communs, de diriger et faire exécuter les travaux publics qui sont à la charge de la communauté ; d'administrer les établissements qui appartiennent à la commune, qui sont entretenus de ses deniers, ou qui sont partimune, — le mot le dit, — c'est une communauté d'intérêts qui résulte du voisinage. Cette communauté d'intérêts, reconnue par l'autorité publique, constitue le groupe de familles en « corporation » ou personne civile, en une unité

culièrement destinés à l'usage des citoyens dont elle est composée; de faire jouir les habitants des avantages d'une bonne police, notamment de la propreté, de la salubrité, de la sûreté et de la tranquillité dans les rues, lieux et édifices publics.

« Art. 51. Les fonctions propres à l'administration générale, qui peuvent être déléguées aux corps municipaux pour les exercer, sous l'autorité des assemblées administratives, sont : la répartition des contributions directes entre les citoyens dont la communauté est composée, la perception de ces contributions, le versement de ces contributions dans la caisse du district ou du département, la direction immédiate des travaux publics dans le ressort de la municipalité, la régie immédiate des établissements publics destinés à l'utilité générale, la surveillance et l'agence nécessaire à la conservation des propriétés publiques, l'inspection directe des travaux de réparation ou de reconstruction des églises, presbytères et autres objets relatifs au service du culte religieux. »

Nous n'avons trouvé que dans la loi autrichienne du 5 mai 1862, un pareil exposé de « principes généraux » (*Allgemeine Grundsætze*), mais la division est sensiblement différente. Nous pouvons encore mentionner ici la loi bernoise du 9 décembre 1852, art. 6, mais son énumération ne comprend pas les impositions. Dans les autres lois, on se borne à indiquer les attributions du maire, du conseil municipal, etc., et c'est par un travail de synthèse ou d'abstraction que, dans la plupart des lois, on dégage lesdits *principes généraux*.

collective. Les droits propres aux communes consistent donc dans la faculté de gérer leur fortune et d'employer leurs revenus collectifs à la satisfaction de leurs besoins collectifs. Toutefois, comme les habitants de la commune sont en même temps citoyens d'un État, celui-ci se réserve une certaine tutelle, qui est plus ou moins étroite : la liberté communale consiste dans la réduction de cette tutelle à son minimum. Nous verrons comment les divers États entendent ce minimum; nous disons minimum, car, bien entendu, tous les pays prétendent donner entière liberté à la vie municipale et de ne la limiter que par des motifs d'intérêt général.

Il reste cependant encore un point à déterminer, c'est la nature des besoins communaux. Nous touchons ici à un point fortement discuté. Généralement le culte, l'instruction, l'assistance publique, la voirie vicinale, la salubrité, la police, sont considérés comme des besoins communaux, mais des pays même très-libres ne voient en l'un ou l'autre de ces services publics que des délégations de l'État. Nous ne déciderons pas cette question, et, pour éviter toute polémique, nous ne parlerons dans ce chapitre que de l'administration financière et de la gestion des propriétés communales, deux matières déjà assez vastes par elles-mêmes pour motiver la division de ce chapitre en plusieurs sections : nous les intitulerons : 1° les recettes; 2° les dépenses; 3° la gestion des propriétés.

Section Ire. — Les Recettes.

Il est des communes assez heureuses pour être riches en biens-fonds et en capitaux productifs de revenus; si ces revenus suffisent pour couvrir toutes les dépenses communales, l'autorité publique n'a guère l'occasion d'intervenir, elle n'a qu'à veiller de loin à la conservation de la fortune communale. Mais si, comme c'est le cas habituel, ces revenus ne suffisent pas et qu'il faille recourir aux impositions, la commune peut se trouver en présence de restrictions légales. La création d'un impôt est un acte très-important, que le législateur s'est généralement réservé; à la rigueur, les impositions communales pourraient être considérées comme des cotisations volontaires, mais en réalité tous les habitants de la commune ne s'en acquitteraient pas bénévolement, si la loi ne mettait pas des moyens de coercition à la disposition de l'autorité municipale. De plus, le législateur est généralement très-préoccupé des besoins du Trésor, il ne veut pas que le contribuable soit surchargé d'impositions locales, afin qu'il ne soit pas hors d'état de supporter les impôts généraux. Il y a enfin des considérations secondaires; on veut tantôt protéger les contribuables contre des iniquités locales, tantôt empêcher que les taxes ne deviennent un moyen de favoriser ou de gêner certaines productions. Par toutes ces raisons, et d'autres encore que nous omettons, les lois posent généralement des limites au droit d'imposition: elles indiquent la nature et l'assiette de l'impôt, fixent un maximum, ou prescrivent de demander l'autorisation du Gouvernement.

C'est généralement — du moins sur tout le continent européen — le conseil municipal, ou l'assemblée communale, qui vote les impositions. En France, à l'époque où les pouvoirs municipaux étaient presque réduits à rien, les conseils municipaux, dit l'arrêté du 4 thermidor an X (23 juillet 1802), « détermineront le nombre des centimes qui seront perçus additionnellement aux contributions, pour les dépenses de l'année suivante, dans les limites établies par la loi ». La loi du 18 juillet 1837, ni la loi relativement si libérale du 24 juillet 1867 n'en disent guère davantage. La loi de 1867 et quelques lois postérieures n'ont fait qu'élargir le droit de voter des centimes extraordinaires. Le conseil *vote* les centimes, mais dans la loi de 1802, le préfet règle et arrête l'état, il peut donc le modifier ; la loi de 1837 demande une simple approbation, et le préfet conserve au moins le droit de réduire les dépenses ; enfin, la loi de 1867 laisse aux communes toute liberté de disposer de leurs revenus, une fois les dépenses obligatoires couvertes. Mais le nombre des centimes a toujours une limite, elle est fixée en partie par le budget et en partie par le conseil général (loi de 1867). On est d'ailleurs plus rigoureux lorsqu'il s'agit d'impositions nouvelles que de la continuation de centimes déjà autorisés.

Cette limitation, nous la rencontrons ailleurs. En Prusse, les villes (loi de 1853) peuvent voter librement jusqu'à 50 centimes additionnels sur toutes les contributions directes autres que l'impôt sur le revenu. Tout centime additionnel sur cet impôt, ainsi que sur les taxes indirectes, a besoin d'une autorisation, car la commune fait directement concurrence à l'État. La création d'impositions nouvelles doit également être spécialement autorisée. Les communes rurales ont peu de dépenses, nous pouvons les négliger ici. La loi organique autrichienne de 1862 renvoie aux lois provinciales, lesquelles diffèrent entre elles dans une très-forte mesure; un seul exemple suffira : la Moravie demande la confirmation préfectorale pour 10 centimes additionnels, le Vorarlberg se réserve sa liberté jusqu'à 150 centimes, les autres provinces s'échelonnent entre ces deux extrêmes; il n'y a donc de commun entre ces provinces que le principe de la limitation. En Russie, l'article 128 de la loi de 1870 autorise la ville à établir, au profit de la caisse municipale, une contribution foncière et une contribution des patentes, sans avoir à les faire approuver ; d'autres impositions et taxes, au contraire, ont besoin d'être confirmées.

La Belgique est moins libérale que la Russie. L'article 75 de la loi communale exige l'approbation du roi, après avis de la députation permanente du conseil provincial, pour « l'établissement, le changement ou la suppression des impositions communales et des règlements y relatifs ». L'Italie aussi charge sa députation provinciale (loi de 1865, art. 138) d'approuver les impositions communales. Selon la loi danoise de 1868, les villes n'ont besoin de l'approbation du ministre de l'intérieur que lorsqu'elles veulent dépasser la moyenne des trois dernières années augmentée d'un cinquième. Il en en est de même pour les communes rurales (loi de 1867), sauf que l'autorisation est donnée par le conseil départemental. Pour ne pas trop multiplier les détails, qui menacent de devenir monotones, nous dirons que dans quelques cantons suisses, notamment Genève, l'approbation est nécessaire, tandis que dans d'autres, par exemple à Zurich, elle n'est pas exigée.

On a déjà pu voir qu'il est fait à peu près partout une différence profonde entre les contributions directes et les taxes indirectes, et que ces dernières ont partout besoin d'approbation. Le législateur n'est pas favorable, généralement, aux taxes indirectes communales, sauf celles qui s'appliquent à des services rendus (places sur les marchés, poids publics, droits de stationnement), il préfère les centimes additionnels; la Belgique, et, à son exemple, la Hollande, ont adopté une combinaison particulière. Elle consiste à répartir entre les communes une partie du produit de l'impôt sur le café, le sucre, la bière, le vin, l'eau-de-vie et les postes; c'est à titre de remplacement de l'octroi; les communes qui n'avaient pas eu d'octroi reçoivent d'ailleurs une part proportionnelle. Nous ne saurions recommander ce procédé, qui ne contribue en rien à la liberté et à l'indépendance des communes.

Nous parlions du continent; en Angleterre, il faut distinguer entre les 277 villes, *borough*, et les campagnes, *counties* et *parishes.* Dans les villes, le vote de l'impôt est maintenant presque complétement confié au conseil municipal élu. Il existe encore des localités où des commissions spéciales sont chargées du pavage et de l'éclairage, ainsi que de quelques autres attributions; nous ne savons pas non plus si les dépenses pour les pauvres ont cessé partout d'être levées à part, c'est qu'un certain nombre de boroughs jouissent encore de *local acts,* lois spéciales, et même d'anciennes chartes qui compliquent la matière; mais la loi municipale permet à toute ville de centraliser à volonté les pouvoirs dans le conseil municipal. L'anomalie que nous allons signaler n'existe donc que pour les comtés et les communes (*civil parishes*). Elle consiste en ceci : d'une part, plusieurs autorités peuvent établir (voter n'est pas le mot) des impositions locales ; et, de l'autre, une certaine partie de l'impôt est établie non par des représentants élus, mais par des « magistrats » nommés par le Gouvernement. Il s'agit des juges de paix. Dans les communes, les impositions peuvent être établies par les marguilliers, les surveillants des chemins publics, les inspecteurs des pauvres ou le bureau des gardiens, le bureau scolaire, etc., tous agents communaux élus, et par les juges de paix ; dans les comtés, les impositions sont votées par les juges de paix réunis en session trimestrielle. Les impositions, on le comprend, sont des impositions directes, fixées à tant de pence — ou fraction de penny — à la livre sterling de revenu local ; ce sont les seuls impôts que les juges de paix puissent établir, et seulement pour le but défini par la loi ; des taxes indirectes, des péages et droits ne peuvent être créés que par acte du Parlement.

Il nous reste à donner quelques indications sur le vote des impôts communaux aux États-Unis. Chaque État ayant sa propre législation en ces matières, nous choisissons quelques États types. C'est d'abord le Massachussets. La loi permet « aux villes et communes » (*cities and towns*,) de voter des fonds pour des dépenses déterminées (les écoles, les chemins, les cimetières, etc.) sans indiquer de limites ; ce sont là, pour ainsi dire, des dépenses obligatoires ; puis, pour d'autres dépenses, qu'on peut considérer comme facultatives (fêtes publiques, etc.), il faut les deux tiers des voix pour qu'elles puissent être admises, et la loi limite la somme qu'on peut voter à une bien faible fraction du budget : la somme *shall not exceed one fiftieth* (1/50) *of one per cent of its valuation for the same year*[1]. C'est un demi pour cent sur le revenu. Ajoutons que les impositions ne peuvent être levées que selon les règles posées dans la loi. Le budget des comtés (départements) est dressé par trois commissaires élus, mais leur budget doit être soumis à la législature et la loi limite à 30 dollars par 1,000 habitants le montant des taxes que ces commissaires peuvent lever.

L'État d'Alabama restreint la faculté de taxation des villes à 1 % sur le revenu, plus 2 dollars par électeur (*a poll tax of two dollars per capita*). Dans l'État de New-York, le vote des villes et villages n'est pas limité, mais le vote est soumis aux commissaires des comtés qui, dans certains cas, peuvent demander des modi-

(1) *Ordinances and Rules and Orders of the city of Boston* (officiel). Boston, 1869, p. 674.

fications. C'est une limite indirecte. Le comté ne peut pas s'imposer plus de 5,000 dollars.

Ainsi, dans aucun pays du monde, l'État ne renonce complétement à réglementer, sinon à limiter les pouvoirs financiers des communes. La loi porte tantôt sur le chiffre, tantôt sur l'assiette, tantôt sur l'emploi. Ce que la loi veut établir, c'est un frein; les pays ne diffèrent que sur l'endroit où il le faut placer et sur le degré d'élasticité qu'ils lui accordent. L'un des freins les mieux entendus consiste à ne permettre que le vote d'impositions directes; c'est une charge très-désagréable, qu'on n'a nulle part une tendance à aggraver. Il n'en serait pas de même des impôts indirects, droits, taxes de toutes sortes : on est assez disposé à voter les contributions auxquelles on espère pouvoir échapper soi-même.

Section II. — Les Dépenses.

Nous avons vu que l'État s'attribue un droit de surveillance sur les recettes communales, à plus forte raison voudra-t-il surveiller l'emploi des fonds qu'il voit sortir, non sans quelque jalousie, de la poche de *ses* contribuables. Si l'on abandonnait les citoyens à leurs propres penchants, de nombreuses communes pourraient bien refuser de se charger de telle dépense nécessaire, ou préférer par trop l'agréable à l'utile. Il est d'ailleurs certains services publics dont on peut dire que : *ils sont partout ou pas du tout,* par exemple les chemins. D'autres fois l'État trouve bon de se décharger sur les communes de certaines attributions et il se réserve de veiller à leur accomplissement. Ces divers résultats sont obtenus par des procédés administratifs différents, mais qui se réduisent au fond à deux sortes d'actes : l'approbation ou le règlement du budget, l'imposition d'office.

La France a pensé que le plus sûr était de cumuler les deux moyens. Le budget communal doit donc être réglé par le préfet ou par le chef de l'État, selon la grandeur de la ville, et celui qui règle le budget peut rejeter ou réduire les dépenses qu'il considère comme inutiles ou exagérées, mais il ne peut augmenter que les dépenses que la loi déclare *obligatoires*. Il peut même imposer d'office les communes qui, mises régulièrement en demeure, s'obstineraient à refuser les crédits nécessaires. Les dépenses obligatoires sont très-nombreuses, l'article 30 de la loi du 18 juillet 1837 en énumère vingt et une, et quelques autres ont été ajoutées par des lois postérieures (1); mais il reste encore des dépenses facultatives, parmi lesquelles nous mentionnerons le pavage et l'éclairage, l'entretien de la propreté et notamment tout ce qui est relatif à l'embellissement, aux fêtes et aux autres agréments. Ainsi donc, les communes ne peuvent pas faire absolument ce quelles veulent, elles doivent se soumettre aux règles générales posées par les lois; dans ces limites, elles sont libres. Or, l'un des principes fondamentaux de la législation municipale française est que jamais le budget communal ne doit être réglé en déficit, et pour que l'équilibre puisse s'établir, il faut bien qu'on puisse réduire les dépenses et augmenter les recettes. En fait, les préfets ont rarement besoin de recourir à ces moyens extrêmes.

(1) Nous sommes surpris que la loi de 1837 n'ait pas compris dans son énumération les chemins vicinaux, l'article 5 de la loi du 21 mai 1836 donnant au préfet le droit d'imposer d'office des centimes additionnels en faveur de ces chemins.

Les procédés suivis ailleurs pour arriver au même but diffèrent selon les pays. Quelques États, comme la Bavière, la Belgique, la Hollande, l'Italie, l'Espagne, la Russie, indiquent clairement dans leurs lois quelles sont les dépenses obligatoires et donnent au Gouvernement le droit de les imposer d'office; si l'énumération n'était pas différente, on dirait que notre loi de 1837 a été copiée; elle a été en tout cas consultée et imitée. D'autres pays sont moins explicites. La loi prussienne sur l'organisation des villes du 20 juin 1853 se borne à dire dans son § 78 que si « des conseils municipaux omettent ou refusent de porter au budget des dépenses obligatoires (*gesetzlich obliegende Leistungen*) », le préfet pourra les y faire inscrire d'office en visant la loi spéciale.

La loi autrichienne de 1862, nous l'avons déjà dit, se borne à poser des principes que les lois provinciales développent. Ces dernières renferment toutes une disposition (par exemple: Bohême, § 104; Gallicie, § 107; Moravie, § 106, etc.) qui confère au préfet ou au sous-préfet un droit de coercition envers les communes qui ne remplissent pas leurs obligations. Il nous semble que ces obligations sont indiquées dans l'article 5 de la loi organique du 5 mars 1862, où l'on énumère les douze devoirs de la commune. Il s'ensuit que si la commune, par exemple, négligeait ses chemins, le préfet pourrait, après l'avoir mise en demeure, faire réparer les chemins aux frais de la commune et lui imposer une contribution pour couvrir la dépense.

En Suisse aussi, nous trouvons une grande variété de lois, mais elles ne sont pas, comme en Autriche, reliées entre elles par des principes généraux. Si à Berne la loi se tait sur les dépenses obligatoires, à Genève, l'article 48 de la loi du 5 février 1849 est ainsi conçu : « Les budgets des communes sont définitivement arrêtés par le Conseil d'État (le Gouvernement). — Lorsqu'une dépense, qu'une loi rend obligatoire, a été omise dans un budget, le Conseil d'État adresse au conseil municipal la demande qu'elle y soit portée. — En cas de refus, le Conseil d'État doit l'y porter d'office..... » La loi communale de Zurich du 25 avril 1866 a un article 109, moins explicite, mais suffisamment clair, qui donne à l'autorité politique les pouvoirs coercitifs nécessaires. La loi d'Argovie (art. 5) est catégorique, il en est de même de celle d'autres cantons.

Nous savons déjà que l'Angleterre est tout autrement organisée que le continent, mais là aussi les hommes ont des besoins collectifs, auxquels il faut absolument satisfaire. Le pouvoir coercitif appartient en premier lieu aux juges de paix, en appel aux tribunaux civils. De plus, tout particulier intéressé peut forcer, par une procédure judiciaire connue sous le nom de *mandamus*, tout fonctionnaire à faire son devoir, par exemple, faire enjoindre à tels juges de paix d'imposer la commune pour organiser un des services publics prescrits par les lois. Même aux États-Unis, les communes peuvent être forcées à faire les dépenses prescrites par une loi. Et pourquoi aussi une réunion de cent ou de mille individus ne se soumettrait-elle pas à la loi, et ne serait-elle pas tenue d'obéir aux prescriptions légales comme chacun de ces individus isolément ? Si le Massachussets peut ordonner aux parents d'envoyer leurs enfants à l'école sous peine d'amende, il se croit tenu d'obliger et de contraindre les communes à entretenir des écoles.

On le voit, dans tous les pays, les finances communales sont surveillées, et aucune municipalité n'est libre de se soustraire à ses obligations naturelles ou imposées. La surveillance comprend le plus souvent le règlement ou du moins la confirmation du budget, ce qui est une mesure préventive ou de tutelle, et en tout cas un moyen efficace; dans la plupart des pays, les comptes de gestion sont apurés par une autorité extracommunale, plus ou moins semblable à nos conseils de préfecture et à notre cour des comptes, même en Angleterre et en Suisse, où il y a pourtant des contrôleurs des comptes nommés par la commune. Aux États-Unis, ce contrôleur des comptes a des attributions préventives analogues à celles de la cour des comptes italienne, sans le visa de laquelle aucune dépense ne peut être faite. En Prusse et en Autriche, la décharge est définitivement accordée par le conseil municipal (Prusse, loi 1853, art. 69. — Autriche, arrêté ministériel du 11 déc. 1850.)

Quant aux emprunts, les communes françaises sont plus libres que celles de la plupart des autres pays. La loi de 1837 (art. 41) exigeait une loi ou une ordonnance royale pour tout emprunt, mais la loi de 1867 (art. 3) dit : « Les conseils municipaux votent et *règlent* par leurs délibérations les emprunts communaux remboursables » en 12 ans, si les intérêts sont payés sur les revenus ordinaires, en 5 ans, si les intérêts sont payés sur des centimes extraordinaires, dont le maximum est fixé à cinq. La loi autrichienne admet sans autorisation des emprunts qui ne dépassent pas le montant d'une année de revenu. La loi bavaroise (de 1869, art. 61) confère cette liberté, pour une somme de 1,000 francs, aux communes de 2,500 habitants, et s'élève graduellement à 20,000 francs pour des communes de plus de 20,000 âmes. Les lois de Prusse, de Belgique, de Hollande, de plusieurs cantons suisses, de la Russie, de l'Angleterre et autres ne font pas de distinction et veulent que tout emprunt soit autorisé. En revanche, quelques lois (par exemple, celle de Massachussets) passent les emprunts complètement sous silence; mais ici nous ne croyons pas avoir à appliquer cette proposition : *ce qui n'est pas défendu est permis,* car il est de principe en matière communale que ce qui n'est pas expressément permis est défendu.

Section III. — La Gestion des propriétés. — Travaux. — Procès.

La gestion des propriétés communales, l'exécution de travaux communaux, les contrats et les procès se tiennent par plus d'un côté dans la pratique; en théorie, ces différentes sortes d'actes sont régis par les mêmes principes, car ils sont bien le propre des communes considérées comme personnes civiles, presque comme de simples particuliers. Dans un très-petit nombre de pays, toute liberté est laissée aux communes pour la gestion de leurs biens, mais la plupart les ont soumises, sous ce rapport, à une tutelle plus ou moins étroite. A tort ou à raison, cette surveillance a paru un devoir sacré. Quand l'État limite le droit des communes de s'imposer, c'est pour que les revenus de l'État n'en souffrent pas ; quand il impose d'office des centimes additionnels, c'est dans l'intérêt des services publics ; quand il surveille les arrêtés de police, c'est pour qu'on n'abuse pas des pouvoirs qu'il a délégués ; mais quand il veut être consulté sur les convenances de la vente d'une maison ou d'un champ, c'est simplement pour protéger la commune future contre la commune présente, ou même la commune présente contre ses propres entraînements ; l'État est naturellement plus large lorsqu'il s'agit d'un achat. — Cette matière étant très-compliquée et les prescriptions souvent très-minutieuses, nous ne pouvons que relever quelques points saillants.

Nous avons dit que la nécessité de l'autorisation était la règle, elle paraît presque absolue pour les aliénations (ventes, etc.). La loi du 24 juillet 1867, qui était destinée à étendre les attributions des conseils municipaux, n'en parle pas du tout ; la loi de 1837 partage l'exercice de la tutelle entre le préfet et le chef de l'État ; le décret du 25 mars 1852 la centralise entre les mains des préfets, mais une circulaire ministérielle (5 mai 1852) leur enjoint de n'admettre l'aliénation qu'en cas de nécessité absolue. Une nécessité prévue par la loi de 1837 est celle de payer un créancier porteur d'un titre exécutoire (art. 46). Pour les acquisitions, le danger a paru moins grand. Toutefois, jusqu'en 1867, toute délibération d'un corps municipal qui concluait à l'acquisition d'un immeuble, avait besoin de l'approbation préfectorale ; depuis 1867, les conseils municipaux peuvent disposer pour des acquisitions du dixième de leur revenu, sans que personne puisse rien avoir à y redire. Les pouvoirs des conseils restent encore très-limités quant aux travaux, et ils ne peuvent pas entreprendre un procès sans autorisation.

Une législation plus ou moins analogue à celle de la France existe en Belgique, en Hollande, en Italie, en Autriche, en Prusse, en Bavière, en Saxe; dans quelques autres pays, les différences sont un peu plus grandes, nous aurons à les relever, mais nous devons avant tout parler de la Russie, où, du moins selon la lettre de la loi de juin 1870, les villes paraissent libres d'administrer leurs biens avec une entière indépendance. L'administration municipale a, en effet, le droit, selon l'article 116 de cette loi : « 1° d'acquérir ou d'aliéner au nom de la ville des biens meubles ou immeubles et de passer des contrats ; 2° d'intenter ou de soutenir au nom de la ville des actions en justice. » Elle peut naturellement aussi déterminer le mode de jouissance des biens appartenant à la ville (art. 119). Mais ce droit ne s'applique qu'à ce qu'on pourrait appeler les biens patrimoniaux, car les biens que nous classons dans le domaine public communal ne sont pas à libre disposition du conseil. Voici comment cette restriction est formulée dans la loi. Selon l'article 113, le plan des villes, ainsi que chaque modification de ce plan, doit être approuvé, dans les chefs-lieux de province, par le ministre de l'intérieur, dans les autres villes par le gouverneur de la province (le préfet). L'article 120 dispose : « Les terrains qui, conformément au plan de la ville, servent de places publiques, de rues, ruelles, trottoirs, passages, ponts, chemins de halage, passages d'eau et voies de communication par eau, situés sur le territoire de la ville, quoique propriété de la ville, sont livrés à la jouissance de tous. » L'article 121 ajoute : « Les terrains indiqués à l'article précédent ne peuvent être aliénés par l'administration municipale sans qu'au préalable le changement au plan de la ville qu'exige cette aliénation ait été approuvé par l'autorité compétente. » L'article 122 développe et précise ces dispositions. Dans une excellente publication de M. P. Schwanebach sur la loi communale russe du 16 juin 1870, qui a paru à Saint-Pétersbourg (chez C. Rœttger), nous lisons qu'à ce moment (en 1870) le Gouvernement était si bien disposé pour les villes, qu'il était sur le point de les substituer à l'État pour tous les biens tombés en déshérence dans leur enceinte; mais cette disposition n'a pas passé. Il semble néanmoins que les villes russes n'ont pas à se plaindre du législateur.

Du reste, la loi du 19 février 1861 qui règle le sort des communes rurales, a laissé à ces dernières la pleine disposition de leurs biens, ce qui se comprend dans un pays où les communes sont propriétaires, à titre privé, de l'ensemble de leur territoire, c'est-à-dire que les habitants des villages possèdent le sol par indivis.

En Suisse, la législation diffère selon les cantons. La loi communale de Genève, article 43, n'est pas bien claire; elle demande le consentement de la majorité absolue du conseil municipal « dans les délibérations qui ont pour objet d'aliéner, d'hypothéquer, d'échanger ou de partager des biens communaux ». Le deuxième alinéa ajoute: « Les expéditions des délibérations ci-dessus, transmises au Conseil d'État, doivent énoncer les noms des membres qui ont formé la majorité, ceux de la minorité, et les motifs exposés de part et d'autre. » Voilà tout. Il n'est pas question d'autorisation; à quoi bon alors ces *expéditions* si détaillées? Le canton de Zurich se réserve un veto, Argovie et d'autres également; Berne, au contraire, semble donner toute autonomie sous ce rapport à ses communes.

La législation anglaise est toute particulière, et il sera difficile d'expliquer ses complications en peu de mots. Les biens que les communes peuvent posséder sont d'abord ou du domaine public ou des terres vagues auxquelles il ne peut être touché qu'en vertu d'une loi, puis des fondations pour l'église, l'école, les hôpitaux, etc. Les fondations sont administrées par des *trustees,* hommes de confiance, qui sont de vrais tuteurs, en ayant tous les droits, mais dont les pouvoirs sont réglés, soit par l'acte de fondation, soit par des lois générales. Ces lois indiquent les placements permis, etc., mais il reste à beaucoup de trustees une assez grande marge. Les propriétés des villes étant plus considérables, une loi limite les pouvoirs du conseil municipal relativement aux aliénations et aux baux, dont la durée ne peut pas excéder trente et un ans. En cas de besoin, l'autorisation nécessaire est accordée par le ministre des finances (1).

Aux États-Unis non plus les communes ne peuvent pas disposer d'une manière absolue de leurs propriétés. Elles peuvent vendre des propriétés patrimoniales, et sont libres d'acheter tous meubles et immeubles; mais le domaine public communal et les terres vagues sont inaliénables; sans doute aussi la dotation des écoles.

(1) Gneist, *Geschichte der engl. Communalverfassung*, p. 893.

CHAPITRE IV

LES ATTRIBUTIONS DÉLÉGUÉES AUX COMMUNES.

Nous avons déjà dit, et nous devons répéter ici que ni les publicistes ni les législateurs ne sont d'accord sur la classification des attributions communales; mais comme dans ce travail le classement des matières n'est pas une affaire de doctrine, mais d'ordre et de clarté, nous nous bornons à avertir le lecteur que, dans ce chapitre, nous parlerons successivement du culte, de l'instruction, de l'assistance publique, des routes et chemins et de la police.

Section Ire. — Le Culte.

Quel rapport y a-t-il entre le culte et la commune? Autrefois, et en partie encore de nos jours, la paroisse se confondait avec la commune; mais même dans les localités où tous les habitants suivent le même culte, on tend à distinguer ce qui appartient à Dieu de ce qui appartient à César. En France, un lien étroit existe entre la commune et la paroisse, mais seulement en ce sens que lorsque les revenus propres à la paroisse ne suffisent pas pour couvrir les dépenses nécessaires, c'est à la commune à y suppléer. La commune a cette obligation financière pour tous les cultes reconnus. (L. de 1837, art. 30.) En France, ni la commune, ni la paroisse ne nomment l'ecclésiastique, ni ne payent son traitement, le matériel du culte seulement est à leur charge, mais c'est une dépense obligatoire. Cette organisation est le résultat d'événements que l'histoire a racontés et que nous supposons connus. Dans les autres pays, les rapports entre la commune (civile) et la paroisse (religieuse) se sont également établis historiquement, et pour les faire comprendre complétement, il faudrait peut-être entrer dans de nombreux détails. Disons seulement que la Belgique est presque le seul État qui ait une législation analogue à celle de la France. Dans la plupart des autres pays, les fidèles d'un même culte forment une corporation spéciale qui satisfait à ses besoins religieux avec le produit de ses propriétés, de fondations ou de cotisations, quelquefois, mais rarement, avec une subvention de l'État. Dans les pays où les cultes sont nombreux, il est difficile qu'il en soit autrement. Aussi ni la Prusse, ni l'Autriche, ni la Russie, ni l'Angleterre, ni les États-Unis ne comptent les frais du culte parmi les dépenses obligatoires de la commune civile, bien que ces pays donnent aux paroisses (religieuses) un droit de coercition envers les fidèles en matière financière. Les dépenses du culte sont absentes aussi, mais par des raisons spéciales, des budgets communaux italien, suisse et espagnol. [Loi communale espagnole du 20 août 1870, art. 127 (1).]

2° L'Instruction primaire.

A de rares exceptions près, et dans des formes diverses, l'instruction primaire a été mise partout à la charge des communes. En France, la loi du 28 juin 1833 impose, dans son ar-

(1) Les frais du culte ne se trouvent pas non plus dans l'énumération du *Derecho admin. espanol* de D. Manuel Colmeiro. Madrid, 1859, n° 1732.

ticle 9, à chaque commune le devoir d'entretenir, soit par elle-même, soit en se réunissant à une ou plusieurs communes voisines, au moins une école primaire ordinaire, et, si elle dépasse 6,000 habitants, encore une école primaire supérieure. La loi du 15 mars 1850 revient à la charge ; mais, dès 1837, la loi communale avait donné une sanction à la loi de 1833 en inscrivant les frais d'entretien de l'école parmi les dépenses obligatoires, celles que le préfet peut inscrire d'office au budget. Malheureusement, il ne suffit pas de décréter des dépenses, il faut encore pourvoir aux recettes. Cela a lieu dans une certaine mesure, car les départements et l'État viennent en aide aux communes pauvres ; néanmoins, il reste encore quelque chose à faire.

En Prusse, la constitution et des lois postérieures déclarent l'école primaire « Établissement de l'État », mais dès 1795 le Code général en avait imposé l'entretien aux communes. Cette dépense est donc une de celles que l'article 78 de la loi communale de 1853 permet au Gouvernement d'imposer aux communes récalcitrantes. Il en est de même en Belgique et dans les Pays-Bas, dans les États scandinaves, en Italie, en Espagne, en Portugal, en Bavière, en Autriche et surtout en Suisse. Les législations de ces pays n'ont souvent de commun que le principe, et en Espagne aussi bien qu'en Portugal, dit-on, le principe n'est que sur le papier; c'est un simple vœu de la loi, mais c'est toujours un bon commencement, et il faut un commencement à tout. La Russie n'a même pas encore pu planter ce jalon du progrès; ce n'est certes pas faute de bonne volonté, le Gouvernement a sans doute rencontré trop d'obstacles. La loi communale de 1870, article 139, n'énumère pas l'entretien des écoles parmi les dépenses communales, et la loi spéciale sur l'instruction primaire du 25 mai 1874 se borne à confier « le soin de satisfaire aux besoins intellectuels des populations » au maréchal de la noblesse du district. Du reste, tout le monde peut fonder des écoles; certaines communes reconnaissent l'utilité de cette dépense, mais le pays dans son ensemble paraît trop peu avancé ou trop pauvre pour qu'on ait pu décréter l'obligation communale qui a été partout la préparation à l'obligation individuelle.

On ne saurait dire que l'Angleterre est pauvre, pourtant jusqu'en 1870 (loi du 9 août), les communes étaient libres d'entretenir ou de ne pas entretenir d'écoles primaires. Il existait de nombreuses écoles créées par les Églises; d'autres étaient le produit de fondations souvent déjà anciennes; d'autres encore, sans doute, avaient pour patrons des villes, mais la plupart peut-être étaient des entreprises privées que l'État subventionnait, si l'instituteur était diplômé et s'il ouvrait son école aux visites des inspecteurs. Ce système quelque peu anarchique laissait subsister de bien nombreuses lacunes, que la loi de 1870 parviendra à combler, il faut du moins l'espérer, malgré les critiques dont elle est l'objet. Cette loi prescrit d'établir des commissions scolaires (*schoolboards*) élues par les habitants. Le royaume est divisé en districts scolaires, comprenant tantôt une ville, tantôt plusieurs villages, et chaque district a — ou devra avoir — son *schoolboard*. Cette commission scolaire a des pouvoirs très-étendus et entre autres celui d'établir des taxes. Or si la commission, qui remplace ici le corps municipal, ne fait pas son devoir, le Gouvernement (*Education departement*) peut l'y contraindre. Aux États-Unis, les législateurs ne se bornent pas à contraindre les communes à fonder des écoles, ils les punissent même en cas de négligence.

Il semble résulter des dispositions que nous venons d'indiquer, que l'instruction primaire est généralement considérée de nos jours comme une attribution de l'État déléguée à la commune et sur laquelle il garde toujours son droit de surveillance. Cette manière de voir ne se serait pas formée, si les communes avaient mieux su remplir leur devoir, si elles avaient toujours eu présent à la mémoire qu'elles sont « une famille agrandie ».

3° L'Assistance publique.

La matière que nous abordons porte, dans le langage courant, le nom de charité lorsqu'on l'envisage au point de vue religieux; le nom de bienfaisance lorsqu'on en parle comme d'un devoir d'humanité, de morale; enfin le nom d'assistance publique lorsqu'il est question d'un service administratif chargé de venir en aide aux indigents. Le public ne s'en tient pas toujours rigoureusement à ces distinctions, mais elles sont généralement respectées. Quel que soit le sentiment qui inspire l'acte de secourir les pauvres, il faut une organisation administrative et des ressources financières pour le pratiquer. Cette organisation ne pouvait se rattacher qu'à la commune (ou à la paroisse), car la commune est plus près de l'individu que l'arrondissement, le département, l'État; seulement, comme il s'agissait d'une charge pécuniaire, il a bien fallu en déterminer en même temps l'étendue, et c'est ainsi que se sont formés deux systèmes administratifs: l'un imposant aux communes le devoir de secourir les pauvres dans les limites de leurs ressources; l'autre obligeant les communes à soutenir leurs pauvres quand même, dussent-elles s'imposer ou implorer une subvention du département ou de l'État.

Les principes qui régissent la matière, en

France, ont été résumés en ces termes dans un *Rapport de l'inspection générale des établissements de bienfaisance* (Paris, Imprimerie nationale, 1874) : « La législation charitable en France est dominée actuellement par ce principe que, si la société a le devoir moral de ne laisser aucune souffrance réelle sans soulagement, l'assistance ne peut jamais être réclamée comme un droit par l'indigent. L'assistance ne constitue donc pas, *et c'est un honneur pour notre pays*, une dépense obligatoire de l'État et de la commune. » Nous regrettons la phrase que nous avons soulignée, parce qu'elle était pour le moins inutile ; mais ne retenons que ce point : la dépense n'est pas obligatoire pour les communes. Encore ce point n'est-il pas complétement exact, car elles doivent concourir aux frais d'entretien des enfants trouvés ou abandonnés et à celui des aliénés qui ont leur domicile de secours dans la localité, mais il reste vrai qu'aucun centime additionnel ne peut être imposé sous la rubrique *Assistance publique*. La loi veut que la commune crée un Bureau de bienfaisance pour venir en aide aux pauvres à l'aide de ressources fournies, soit par des fondations, soit par des dons volontaires, collectes, etc. Du reste, la caisse communale accorde assez souvent des subventions aux bureaux de bienfaisance et aux autres institutions charitables des villes, et plus d'une fois un centime additionnel ou deux seront imposés pour couvrir cette dépense; mais, en ce cas, ces centimes auront été fondus dans d'autres et rendus ainsi invisibles. Ce n'est que dans des cas de calamité publique qu'un emprunt ou un impôt pourrait être admis.

La législation de la Belgique et celle de la Hollande, de l'Espagne et de l'Italie, sont presque identiques avec la loi française. La loi russe de 1870 (art. 139) ne parle que des contingents communaux à une grande œuvre nationale, et non d'assistance communale. En Suisse, la plupart des cantons ont reconnu le devoir de venir en aide à leurs concitoyens indigents. Plusieurs communes sont assez riches pour pouvoir soutenir leurs pauvres des produits de leurs biens, mais quelques cantons admettent la création d'un impôt spécial. On sait que les communes suisses distinguent entre les bourgeois et les habitants, le bourgeois conservant son droit de recevoir des secours sur le fonds patrimonial des pauvres, même lorsqu'il s'expatrie, tandis que l'habitant n'acquiert que difficilement le droit au secours dans la commune où il s'établit. Il en résulte des complications qui aboutiront forcément à la simplification des rouages et qui finiront par rendre tous les Suisses égaux devant la loi communale.

La Suisse peut servir de transition aux pays où les secours sont une obligation stricte, la loi accordant même, dans quelques États, une *action* au pauvre, qui peut ainsi contraindre la commune à l'assister. Ces pays sont l'Autriche, l'Allemagne, la Suède, la Norvége, le Danemark, la Grande-Bretagne et (du moins pour quelques États) les États-Unis. Pour ne pas nous perdre dans une trop grande variété de détails, nous ne parlerons que de l'Allemagne et de la Grande-Bretagne, et nous rappellerons que notre cadre ne comporte pas l'exposé complet de l'organisation de l'assistance publique, mais seulement l'indication de ce qui, selon la loi, incombe à la commune et des droits coercitifs que l'État s'est réservés.

La loi allemande du 6 juin 1870 ne s'occupe que du domicile de secours, le droit à l'assistance, ou plutôt le *devoir* de l'assistance, est presque considéré comme un principe antérieur à toute loi. C'est à l'État que ce devoir incombe, et c'est par délégation qu'il arrive aux communes. Mais les communes ne doivent l'assistance qu'aux *domiciliés*, et l'on n'acquiert le domicile (de secours) que par un séjour ininterrompu de deux années. Encore faut-il être Allemand, même d'un autre État de la confédération; les étrangers ne sont pas à la charge de la commune, ils sont secourus aux frais d'une caisse centrale. Pour que la charge communale ne devienne pas, dans certains cas, insupportable, l'article 2 de la loi de 1870 provoque la formation d'unions locales et d'unions provinciales. Les unions locales, composées de plusieurs villages ou d'une ville, se substituent aux communes, et, selon le cas, l'union provinciale, c'est-à-dire une caisse commune, leur vient en aide. Plusieurs gouvernements ont pris des mesures pour rapprocher l'assistance civile de la charité religieuse; une circulaire du ministre de l'intérieur de Prusse du 24 avril 1856 s'étend sur ce point et demande comme minimum l'adjonction des curés ou pasteurs à l'administration des bureaux de bienfaisance.

Le point qui soulève le plus de difficulté en matière d'assistance publique, c'est celui de savoir quel est le domicile de l'impétrant, à quelle porte il doit frapper. On a institué des commissions spéciales et une cour suprême pour prononcer sur ce point. Dans aucun cas, l'indigent ne peut s'adresser aux tribunaux pour faire valoir ses droits, l'article 63 de la loi de 1870 le renvoie devant l'administration. C'est d'ailleurs l'administration qui seule pourrait forcer une commune d'inscrire à son budget la dépense nécessaire, en vertu de cet article 78 de la loi de 1853 qui permet au Gouvernement, c'est-à-dire au préfet, d'imposer d'office les villes dont les conseils municipaux n'auraient pas voulu voter les fonds nécessaires à un service public.

En Angleterre, — le régime de l'Écosse est

un peu différent — l'assistance publique est considérée comme un devoir de l'État rempli par les communes, et l'on a créé tout un service public, presque un ministère, pour l'organiser. Ce service, dont le chef est toujours membre du parlement, s'appelle maintenant le *Local government board,* et jouit d'importantes attributions et de pouvoirs étendus. Le *Board* peut faire des règlements, donner des ordres, former des unions de communes, faire des enquêtes, examiner des comptes ; c'est lui qui peut contraindre une commune ou une *union* à faire les dépenses nécessaires pour venir en aide aux pauvres. Mais le *Board* ne peut prendre aucune décision relativement à un individu, il ne peut pas ordonner à une commune de secourir tel indigent déterminé. Ce pouvoir-là est délégué aux *overseers,* aux inspecteurs des pauvres ou aux gardiens, en un mot à des représentants des communes. Si les représentants d'une commune refusent le secours, l'indigent ne s'adresserait pas au *Board,* mais au juge de paix qui, — sans doute après s'être assuré que l'impétrant est dans le besoin, — peut ordonner que des secours lui soient donnés, sous peine, pour l'inspecteur, d'une amende de 125 fr. En Angleterre aussi, la question du domicile forme la partie la plus ardue du service de l'assistance publique; comme il ne s'agit pas ici de cette charité qui part du cœur ou qui a sa racine dans un sentiment religieux, les communes ont toujours cherché à se soustraire, sinon aux charges qui leur incombaient légalement, mais à tout ce qui pouvait aggraver le fardeau. Aussi n'admettaient-elles pas aisément des habitants pauvres, originaires d'autres localités; et si des nécessités industrielles leur imposaient des ouvriers étrangers à la commune, dès que ces ouvriers tombaient malades, on les transportait, non sans cruauté, jusqu'à leur commune d'origine. Il y eut ainsi de véritables scandales. Le législateur dut intervenir, et, de nos jours, le domicile s'acquiert bien plus facilement, et en tout cas, le renvoi d'un pauvre est soumis à des restrictions qui ont fait disparaître les griefs les plus sérieux.

4° Chemins vicinaux.

Nous pouvons être court sur les chemins vicinaux. Tous les pays en mettent la construction et l'entretien à la charge des communes. La loi française limite la dépense que les communes peuvent voter en faveur de ce service à cinq centimes ordinaires et trois journées de prestation, et au besoin à — en outre — soit trois centimes extraordinaires, soit une quatrième journée de prestation. Dans la plupart des autres pays, les communes sont libres de voter les impositions, sans limites d'aucune sorte. On pense, non sans raison, que la commune ne s'imposera pas des charges inutiles. Une particularité de notre législation se retrouve également presque partout ailleurs, c'est la distinction entre les chemins vicinaux et les chemins ruraux. Dans quelques pays, la loi les distingue en les définissant : les chemins vicinaux conduisent à d'autres localités, les chemins ruraux servent aux besoins de l'agriculture ; ils facilitent la culture des champs et le transport des récoltes. Dans d'autres pays, et la France est de ce nombre, les chemins vicinaux doivent être expressément *classés,* c'est-à-dire désignés, sinon ils sont simplement ruraux, ou, comme disent les Anglais, *private,* privés, même s'ils appartiennent à la commune. C'est la déclaration qui fait naître les droits et les devoirs que la loi a formulés. C'est en faveur des chemins classés que des impositions d'office peuvent avoir lieu, même en Angleterre. En France, jusqu'en 1866 (Loi du 18 juillet), c'était le préfet qui classait les chemins vicinaux; la loi de 1866 en chargea les conseils généraux, et la loi du 10 août 1871 passa cette attribution aux commissions départementales. Dans aucun pays, du reste, l'État ne peut complétement se désintéresser dans cette matière, car les voies de communication, même locales, sont d'intérêt général. Il importe à l'ensemble de la nation que tous les chemins soient viables, bien entretenus. La France a souvent fait des sacrifices en faveur des chemins vicinaux; une loi du 11 juillet 1868 a destiné une subvention de 100 millions à leur achèvement, et si, dès le commencement de ce siècle, l'Angleterre était sillonnée de routes qui faisaient l'admiration des visiteurs, c'est parce que les juges de paix avaient, depuis longtemps, tenu la main à ce que les lois qui s'y rapportent fussent strictement et régulièrement exécutées.

5° La Police.

Dans notre *Dictionnaire d'administration* nous avons défini la police : « Cette partie de la puissance publique qui est chargée de protéger les personnes et les choses contre toutes les attaques, contre tous les maux que la prudence humaine peut empêcher ou du moins atténuer dans leurs effets. Maintenir l'ordre public, protéger la propriété et la liberté individuelle, surveiller les mœurs, assurer la salubrité publique, tels sont les principaux objets confiés aux soins de la police. » Nous venons de relire les définitions qu'en donnent les principaux auteurs français, anglais et allemands, et nous ne trouvons rien à changer à la nôtre. Cette lecture nous a d'ailleurs confirmé dans notre manière de voir, que la police est une attribution de l'État, qui en délègue une partie au maire par des raisons de convenance administrative. Voyez par exemple Vivien : « La police... est l'ordre même qui préside à la société », dit-il [1], Lord Brougham en fait « cette attribution du Gouvernement, qui a pour objet la sécurité et la paix publiques (*the safety and peace of the community*). M. Bluntschli, dans son *Allgemeines Staatsrecht*, t. II, p. 179, va plus loin, ou est plus explicite : « Ce serait un vain effort, dit l'éminent professeur de droit public, de vouloir tracer les limites de la police dans toutes les directions, en fixant d'avance les règles de son activité. La police part du centre de l'État (*von dem Centrum des Staats*) et se dirige en tous sens vers la périphérie... » Ces citations, —

[1] Quoique M. Odilon Barrot n'ait jamais été pour nous une grande autorité, nous emprunterons un court passage à cet ardent décentralisateur. Dans son écrit : *De la Décentralisation*, etc. (Paris, Didier, 1870), il dit, page 154, dans une lettre adressée aux auteurs du projet de Nancy, qui a fait tant de bruit à une certaine époque : « Les maires ont.... d'après les lois existantes, le droit de prendre des arrêtés.... de police.... C'est là un droit exorbitant et qui se rapproche du pouvoir législatif. Je ne proposerais pas toutefois de le retirer.... » Ce sont donc les lois qui ont conféré ce droit « exorbitant » aux maires. C'est donc un pouvoir délégué.

nous les décuplerions au besoin, — suffiront pour montrer que les publicistes considèrent la police comme une attribution de l'État. La pratique répond partout à cette théorie. La loi française du 18 juillet 1837, article 18, est très-explicite: « Le maire est chargé, sous la *surveillance* de l'administration supérieure : 1° de la police municipale, de la police rurale et de la voirie municipale... » La loi des 16-24 août 1790, t. XI, sur la police municipale, est plus détaillée: elle l'est au point qu'il est de jurisprudence que le maire n'a que les pouvoirs qui y sont mentionnés expressément ou qui ont été ajoutés par les lois postérieures.

Comme M. Odilon Barrot, nous désirons que le maire conserve les pouvoirs que les lois lui ont conférés, il est dans l'intérêt général que les attributions du maire soient étendues, car « on n'administre bien que de près » ; mais il est nécessaire aussi de se rendre compte de la nature de ces pouvoirs, afin de juger plus équitablement notre législation et de mieux comprendre celle des autres.

En Russie, la police de sûreté est complètement séparée de la police administrative, cette dernière se composant des mesures à prendre relativement à la salubrité, aux incendies, aux marchés publics, etc. L'initiative en ces matières appartient en premier lieu au conseil municipal, c'est lui qui fait le règlement de police administrative (Loi de 1870, art. 103); il se borne probablement à délibérer sur les projets qui lui sont soumis par le comité exécutif municipal, c'est-à-dire par le maire; on ne lui demande que son avis. Après avoir été discuté par le conseil municipal, les projets doivent être communiqués au chef de la police locale (préfet ou commissaire de police), qui d'ailleurs a le droit de provoquer la rédaction de projets de règlement et de les faire discuter par le conseil municipal. De quelque part que vienne l'initiative, il faut que le corps municipal et le chef de la police se mettent d'accord, et, dans ce cas, l'approbation du gouverneur — qui peut être refusée — suffit pour que le règlement puisse être publié. S'il n'y avait pas accord entre le corps municipal et le chef de la police, le gouverneur aurait à demander l'avis du comité provincial.

La loi prussienne du 11 mars 1850 déclare dans son article 1er que « l'administration de la police locale est exercée *au nom du roi...* par le fonctionnaire désigné dans la loi municipale. Les fonctionnaires chargés de la police locale sont tenus d'appliquer les prescriptions qui leur sont faites par l'autorité supérieure. » L'art. 2 autorise le ministre de l'intérieur à charger, dans les villes de 10,000 âmes et au-dessus, et au besoin dans d'autres villes, un fonctionnaire de l'État de l'administration de la police. Toutefois, ce fonctionnaire doit s'entendre avec le bourgmestre pour la rédaction des règlements de police. Un projet de loi sur l'organisation des villes, qui vient d'être rejeté par la Chambre des députés de Prusse, portait à 25,000 habitants le chiffre de la population qui peut autoriser le Gouvernement à charger un de ses fonctionnaires de la police locale, et plus particulièrement de la police de sûreté, une partie de la police administrative ayant été réservée à la ville. Le projet, qui est plus libéral que la législation existante, a été rejeté comme ne donnant pas assez. Parmi les motifs du rejet, nous trouvons celui-ci : le Gouvernement demandait à continuer d'approuver le choix du maire *et des adjoints;* la Chambre accorde le droit d'approuver le maire et *un* adjoint (le premier adjoint), mais elle ne veut pas aller au delà (art. 51 du projet voté).

La loi organique autrichienne de 1862, art. 5, nous l'avons déjà dit, divise les attributions des communes en attributions propres et attributions déléguées, et elle compte parmi les premières la police sanitaire et industrielle et celle des subsistances et des mœurs, mais la police de sûreté est réservée. Toutefois, selon un commentateur, le mot *propres* ne veut pas résoudre ici la question purement théorique de l'origine des pouvoirs, mais seulement que l'autorité municipale est dispensée de faire confirmer ses décisions dans les cas indiqués.

En Suisse, on le sait, il y a vingt-cinq corps législatifs, mais nous ne citerons que les lois de quelques grands cantons. La loi de Genève de 1849 n'accorde (art. 19) l'exercice de la police qu'aux maires des communes rurales en les soumettant à « l'autorité du Conseil d'État »

(Gouvernement). Zurich, loi du 28 avril 1866, fait du maire purement et simplement un agent du préfet « dont il exécute les ordres en matière de police » (art. 152). La loi bernoise de 1852 compte la police locale parmi les attributions des maires, mais en promettant une loi spéciale pour la police.

En Belgique, l'article 78 de la loi communale charge le conseil municipal de *faire* les ordonnances de police (les projets sont sans doute préparés par le bourgmestre), mais ces ordonnances doivent être soumises dans les quarante-huit heures à la députation permanente du conseil provincial. La loi italienne de 1865, article 138, a copié cette disposition illogique. Nous passons la législation de quelques autres pays, qui ne présente aucun intérêt, pour nous arrêter un moment sur la législation anglaise.

Les lois anglaises font remonter au roi tous les pouvoirs de police. Le sheriff est le *keeper of the kings peace* (le conservateur de la paix du roi, c'est-à-dire de la tranquillité publique); les juges de paix sont également ses représentants, et la police des comtés est entre leurs mains. Dans les villes aussi il y a des juges de paix; d'ailleurs, le *mayor* ou maire est juge de paix né, il en a tous les droits. Le pouvoir de faire des règlements de police ne semble pas appartenir aux juges de paix, du moins n'avons-nous rencontré aucun texte qui le leur conférât (1); mais la loi organique des villes de 1835 (5 et 6, Guill. IV, ch. 76) donne ce pouvoir aux conseils urbains (art. 90 et 91). Seulement leurs règlements ne sont valables qu'au bout de quarante jours. Dans cet intervalle, une copie authentique doit avoir été adressée au ministre de l'intérieur, qui peut faire supprimer, en conseil des ministres, toute disposition contre laquelle il s'élève une objection. Une seconde copie doit être affichée pendant le même laps de temps à la porte de l'hôtel de ville, ce qui est une sorte d'enquête publique. Sauf pour quelques matières spéciales soigneusement indiquées dans les lois, le droit de faire des rè-

(1) Parmi les *provisional orders* (traduisons par : arrêtés municipaux) relatifs, par exemple, aux chemins vicinaux, il en est sans doute qui peuvent ressembler à des règlements, mais nous n'avons trouvé aucune disposition qui leur donne le droit de faire des *byelaws*, c'est le vrai règlement.

glements de police, *byelaws*, n'est accordé qu'en un petit nombre de cas, les actes de Parlement étant très-détaillés et comprenant tous une partie réglementaire.

Aux États-Unis, les corps municipaux n'ont le droit de faire des règlements qu'en vertu de leurs chartes et dans les limites qu'elles indiquent. Ces règlements peuvent être annulés, généralement par le tribunal, comme contraires à une loi du pays ou comme « non raisonnables ». Du reste, les États ont généralement leur police à part, et, en cas de conflit entre les deux, c'est nécessairement l'État qui l'emporte. D'ailleurs, nous avons trouvé plusieurs fois, notamment dans la loi sur la police locale de Massachussets, article 16, l'énoncé du principe que le mayor et les aldermen sont investis, de par le *commonwealth* (la république), des pouvoirs de police.

CHAPITRE V

RÉSUMÉ

Un premier point qui ressort de notre exposé, c'est qu'il n'y a pas de commune autonome. Partout, sans aucune exception, la commune s'organise et s'administre conformément aux prescriptions de la loi de l'État, laquelle est plus ou moins libérale selon les pays. L'esprit de la législation municipale est influencé par les traditions, par le degré d'instruction répandue dans le pays et par-dessus tout par la politique. L'influence de la politique est surtout prépondérante dans les pays où l'on fait ou espère pouvoir faire des agents électoraux des maires ; Gouvernement et opposition, chacun veut les avoir pour soi. Mais c'est là détourner les maires de leur mission : ils doivent être agents de la commune et agents de l'État, mais jamais instruments des partis. Aussi, dans les pays agités par la politique, la loi sur les maires est constamment changée ; pourtant l'action de ces magistrats ne peut être grande que dans les contrées arriérées. En tout cas, rien n'est plus contraire aux vrais intérêts d'un pays que de vouloir constituer les maires agents d'opposition. Aucun parti gouvernemental, c'est-à-dire aucun parti qui espère gouverner à son tour, ne peut y songer; ce serait détraquer une machine dont on pourra avoir à se servir demain.

D'ailleurs, le maire n'est pas toute la commune. Si l'on veut, avec Tocqueville, Vivien et d'autres publicistes éminents, que la commune devienne une école d'esprit public, il faut multiplier ses attributions; mais le peut-on si le maire est ou peut devenir un instrument de l'opposition ? Plus on voudra élargir l'abîme entre le Gouvernement et le maire, moins on pourra concéder de pouvoir à ce dernier, moins aussi on pourra accorder d'attributions au conseil municipal. La politique a des conditions d'équilibre auxquelles personne ne peut se soustraire. De là vient aussi que, quoique généralement l'administration communale française ne soit, quoi qu'on en dise, pas moins libre que celle de la plupart des autres États, si quelques pays sont, sous ce rapport, mieux partagés que nous, c'est qu'on y tient moins à se faire un instrument de l'autorité municipale.

Nous nous apercevons que, contrairement à nos intentions, nous avons effleuré la politique; nous nous sentons en droit de dire que nous l'avons fait sans passion et sans arrière-pensée. Nous avons soumis la question à un examen scientifique et sans parti pris. Nous avons l'habitude de consulter la science, mais nous ne lui dictons jamais ses réponses.

DEUXIÈME PARTIE

Dans cette partie, nous ne parlons que des pays étrangers, en passant en revue les divers États, l'un après l'autre. L'exposé de la législation française correspondante se trouve au *Dictionnaire de l'administration française* (Paris et Nancy, Berger-Levrault et Cie) au mot *Organisation communale.* L'article du Dictionnaire est très-développé, il forme environ 400 pages comme celles de la présente publication; on comprend que nous ne pouvions entrer dans autant de détails en parlant des pays étrangers.

CHAPITRE Ier

ROYAUME-UNI.

L'organisation communale n'est pas identique en Angleterre, en Écosse et en Irlande, et, dans le même royaume, on peut encore voir fonctionner simultanément plusieurs législations. Nous nous bornerons à en indiquer les principales.

1° Angleterre.

L'organisation communale n'a reçu un développement rationnel que dans les villes ; dans les campagnes, le système municipal s'est développé spontanément, la coutume a fait le principal, la loi est intervenue seulement pour combler les lacunes, pour consolider, non sans quelques velléités en faveur de l'uniformité, mais en reculant, dans ces timides tentatives en faveur de la symétrie, devant le moindre obstacle. C'est que le respect des traditions — peut-être aussi la défiance contre le nouveau — est trop enraciné, et ce sentiment a pour effet de faire au moins conserver les vieux noms, tout en réformant la chose ; en France, nous tenons avant tout à de nouveaux noms, de là vient sans doute qu'on a pu dire : « Tout change, et c'est toujours la même chose. » L'espace ne nous permettant pas d'aborder ici l'historique de la législation communale anglaise, nous renvoyons sur ce point à l'excellent ouvrage de M. Gneist [1]; nous n'exposerons que l'organisation en vigueur.

Les communes rurales.

L'administration locale est divisée entre le comté, le canton — qui s'appelle tantôt *district*, tantôt *union* — et la commune proprement dite; celle-ci porte encore le nom de paroisse, mais on a quelquefois soin maintenant d'ajouter le mot *civile*, pour la distinguer de la paroisse religieuse [2].

Les paroisses (civiles) n'ont en Angleterre ni maire, ni conseil municipal. Ce dernier est remplacé par l'assemblée des habitants payant leur cotisation aux frais de la commune; cette réunion s'appelle le *vestry*, ou aussi *open vestry*, vestry

(1) Traduit en français (Paris, Lacroix et Cie) et même en anglais.

(2) On emploie aussi quelquefois le mot *township* comme synonyme de commune (civile), mais plus souvent on le prend comme synonyme de section de paroisse. Le sens en est vague, on ne sait plus bien qu'en faire, et les auteurs se bornent à répéter un vieil axiome : « une township est où il y a un constable »; mais cette définition ne répond à rien.

ouvert à tous les paroissiens, pour le distinguer du *select vestry*, vestry élu, qui existe dans quelques villes, et qui peut être comparé au conseil municipal. La réunion s'appelle vestry, du lieu de sa réunion, la sacristie, mais la loi de 13 et 14 Vict., chap. 57, donne au *Local government board* (direction générale de l'administration locale) le pouvoir d'interdire, pour l'avenir, les réunions dans les églises ou sacristies; la commune doit se procurer un autre local; mais ce pouvoir ne semble pas avoir de sanction.

Le maire est remplacé par des personnages différents, selon la nature de l'attribution, mais le fonctionnaire ou dignitaire communal qui lui ressemble le plus, c'est le *churchwarden*, littéralement gardien de l'église, c'est-à-dire marguillier. Il y en a généralement deux, mais on recommande aux communes de se contenter d'un (p. ex. Holdsworth). Il est naturel que lorsqu'on se réunit dans la sacristie, c'est le marguillier qui préside; encore ce n'est que par tolérance, car le droit en revient au ministre ou pasteur, mais il n'en use que lors de délibérations relatives au culte.

Les churchwardens ont pour mission principale de veiller aux choses du culte, aussi sont-ils nommés avec le concours du pasteur. Le plus souvent, le pasteur en nomme un, la commune élit l'autre ; ils sont rarement élus tous les deux (à Londres, par exemple), souvent les churchwardens en fonctions présentent leurs successeurs. Le mode de nomination est une affaire de coutume locale. Tout contribuable peut être marguillier ; mais s'il ne professait pas la religion anglicane? Avant 1868, l'évêque diocésain pouvait refuser de le reconnaître et annuler l'élection. On ne poussait cependant pas toujours les choses à l'extrême ; si l'élu était un homme considéré, il pouvait choisir un *deputy* (sous-marguillier) parmi les fidèles du culte dominant. La loi de 1868 (31 et 32 V., c. 109) qui dispense les dissidents de contribuer aux frais d'entretien de l'église anglicane, et sépare ainsi implicitement la paroisse civile de la paroisse ecclésiastique, a institué des *church trustees* (fidéicommissaires de l'église); jusqu'alors les churchwardens administraient la fortune de l'église, les biens, les fondations, etc., depuis lors, la paroisse ecclésiastique peut faire administrer sa fortune par des *trustees* spéciaux et dégager le plus possible les churchwardens de leurs attributions religieuses.

Les attributions civiles des churchwardens se réduisent aux suivantes : ils réunissent le vestry (quand ils le croient nécessaire ou sur la demande de cinq contribuables), répartissent l'impôt, assistent l'inspecteur des pauvres (quelquefois les deux fonctions sont réunies), établissent la liste du jury. On les avait chargés aussi de veiller à l'inscription des mariages, pour lesquels il existe maintenant un service spécial [1], ainsi que de quelques attributions de police, par exemple : de veiller à ce que les boutiques ne soient pas ouvertes le dimanche, que les fous ne vaguent pas dans les rues, que les noyés soient enterrés, mais ces attributions sont maintenant exercées par la police proprement dite. En l'absence d'un maire, on s'adressait à la personne influente qu'on trouvait sous la main pour tous les services dont on n'avait pas chargé un

[1] Voyez notre *Dictionnaire de l'Administration française*, etc. *État civil*, adm. comparée.

fonctionnaire, un magistrat, ou un comité spécial.

Dans les communes qui ont un *select vestry*, le churchwarden en est membre de droit. La loi 1 et 2 Will. IV, c. 60, indique les formalités à remplir pour obtenir un vestry élu. La paroisse doit compter au moins 800 âmes et le conseil ne peut pas avoir moins de 12 membres; à 2,000 âmes, il doit y avoir 36 vestrymen, et au-dessus de ce chiffre, 12 par 1,000 habitants en plus, jusqu'au maximum de 120.

Les churchwardens sont nommés ou élus pour un an, aux environs du 28 mars (Pâques), ils ont à rendre compte de leur gestion, et en sont responsables; ils ne peuvent refuser ces fonctions que dans les cas spécifiés par la loi.

En dehors des churchwardens, il y a dans les communes rurales un inspecteur des pauvres (*overseer*), un surveillant (*surveyor*) des chemins, souvent un comité pour les écoles. Ce sont autant de démembrements des fonctions du maire, mais du moins elles sont restées dans la commune, tandis que la police de sûreté et la police administrative ont été plus ou moins réservées au comté (département). Du reste, nous allons voir que les chemins vicinaux, aussi bien que l'assistance et la salubrité publiques, tendent à passer dans les unions ou districts, et à sortir ainsi de la paroisse (1).

Les chemins ne sont pas divisés en catégories : nationaux, départementaux, vicinaux de grande, moyenne et petite communication; on ne connaît que des chemins publics, *highways*, entretenus par le comté, et des chemins vicinaux ou *parish roads*. Une variété de highways, qui s'appelaient *turnpike roads*, chemins à barrières ou à péages, et qui étaient pour la plupart des entreprises semblables à nos ponts à péage, tend à disparaître. Or, l'entretien des chemins vicinaux incombe à la commune, dans la limite de son territoire. Tous les ans, au printemps, elle nomme un des habitants établis *surveyor*, lequel doit accepter ou payer une amende de 500 francs. La commune peut cependant aussi nommer un surveyor payé,

(1) Il est souvent difficile de séparer les attributions du comté d'avec celles de la paroisse; mais nous avons parlé longuement des comtés au mot *Département* du *Dictionnaire d'administration*, et devons nous borner ici à y renvoyer.

qui est alors ni plus ni moins qu'un agent voyer.

La loi de 1835 (*highway act* 4 et 5, Guill IV, c. 50) prévoit aussi que plusieurs communes s'entendront pour former une circonscription de voirie (highway district). Si les communes ne s'entendent pas, les lois de 1862 et 1864 (25-26, Vict., c. 61, et 27-28, Vict., c. 101) autorisent les juges de paix réunis en sessions trimestrielles à former des circonscriptions et à les réglementer. Ces sessions trimestrielles remplacent à la fois nos préfets, nos conseils généraux et nos conseils de préfecture. Les chemins du district sont confiés à un bureau pour lequel chaque commune élit un ou plusieurs waywardens (gardiens des chemins), qui remplacent alors les surveyors. Les juges de paix en sont membres de droit. Le bureau du district nomme un agent d'exécution, qui lui propose un aperçu des dépenses. Les dépenses acceptées sont réparties entre les communes et par elles entre les contribuables (*rate-payers*) sous la forme d'impositions.

Les juges de paix (c'est presque comme si

l'on disait : le préfet[1]) restent chargés de la haute surveillance des chemins. Si une route n'est pas en bon état d'entretien, chaque habitant peut adresser une plainte aux juges de paix du district, qui envoient une injonction au bureau des chemins, ou au membre (waywarden) représentant la commune intéressée. S'il y a contestation, si, par exemple, une commune soutient qu'elle n'est pas tenue à l'entretien de telle voie de communication, si quelqu'un se plaint de la taxe à laquelle il a été imposé, c'est à la réunion trimestrielle des juges de paix qu'il doit s'adresser ; c'est la première instance pour le contentieux administratif, comme la cour civile en est la seconde.

Les frais d'entretien des chemins vicinaux (*parish roads*) sont imputés en partie sur un fonds commun du district ; ce fonds est levé en même temps que les *poor rates*, d'après les mêmes principes et par les mêmes agents.

Le pivot de l'administration communale an-

(1) Les juges de paix sont nommés par le Gouvernement. Sur leurs attributions, voyez dans notre *Dictionnaire d'administration* le mot *Département*.

glaise semble être l'assistance publique et l'organisation qui s'y rattache. Les *poorlaws*, lois sur l'assistance publique, remontent à Élisabeth, 43ᵉ année de son règne, chapitre 2 (c'est-à-dire deuxième loi de l'année). L'administration qui en a été chargée a été d'abord purement communale : un ou plusieurs overseers désignés par les juges de paix, généralement sur une liste de présentation dressée par le vestry, *mais sans y être absolument tenu*. La nomination avait lieu tous les ans, du 25 au 29 mars (54, G. III, c. 91). Si les juges de paix ne nommaient pas d'overseer, ils pouvaient y être forcés par un *mandamus* de la Cour du *Banc de la Reine*. La loi de 1834 (4-5, W. IV, c. 76) introduisit, entre autres, trois innovations principales : 1° l'agglomération des communes en *union* équivalant, dans une certaine mesure, à nos cantons (ou plutôt à des syndicats de commune) ; 2° l'établissement d'un bureau de gardiens : on maintint, il est vrai, les overseers — fonction souvent réunie maintenant avec celle de churchwarden, — mais seulement comme agents financiers, et l'on chargea de l'assistance les *guardiens* élus ; 3° la création d'une administration centrale à Londres, armée de grands pouvoirs (1). Les gardiens, élus dans les diverses communes, forment un *board* (bureau de bienfaisance) dont les juges de paix sont membres de droit : c'est moins, selon un auteur, comme autorité publique que comme représentants de la propriété. Toutes les communes font maintenant partie d'une *union* et sont représentées dans le *board*.

Ce n'est pas le lieu de traiter de l'assistance publique; ce que nous avons à faire ressortir ici, c'est uniquement que cette attribution municipale est dévolue à un comité spécial. De plus, en l'absence d'un pouvoir exécutif communal, de même qu'autrefois on chargeait les churchwardens des attributions nouvelles qui pouvaient surgir, on s'adresse maintenant de préférence à l'autorité plus laïque du bureau des gardiens. C'est ainsi que ce bureau, ou un comité qu'il désigne dans son sein, est chargé de la salubrité publique, avec pouvoir de faire des règlements, de donner des ordres, de lever des

(1) Voyez au *Dictionnaire* le mot *Assistance publique*.

taxes. Ces taxes viennent grossir, à titre de chapitre spécial, le budget de l'assistance. Du reste, le bureau des voies de communication aussi peut être chargé de cette attribution, la loi permettrait même l'installation d'un comité spécial, mais il y a des difficultés pratiques. Les lois qui régissent cette matière sont de 1855 (18-19, Vict., c. 121), 1860 (23-24, Vict., c. 77), 1866 (29-30, Vict., c. 90), 1868 (31-32, Vict., c. 115), 1870 (33-34, Vict., c. 53).

Une attribution nouvelle est échue aux communes par la loi de 1870 (33-34, Vict., c. 75), c'est celle de former un *school board* (bureau scolaire) chargé de créer des écoles, de veiller à leur entretien et à leur bonne tenue, autorisé à faire des règlements y relatifs, à introduire l'obligation scolaire, et à faire punir les parents des enfants qui ne fréquentent pas l'école. Naturellement, le bureau a le droit de lever les impôts nécessaires ; il peut aussi faire un emprunt pour bâtir une école, même exproprier un terrain pour ce but. Il déclare au bureau des gardiens, ou aux overseers qui détiennent la liste des contribuables ou la matrice des imposables, la somme qu'il leur faut; au besoin ils répartiraient directement les impositions.

La police a été longtemps exercée dans les paroisses par un constable, qui devait être un habitant respectable domicilié; le constable recevait les ordres des juges de paix. Plus tard, l'habitant désigné se déchargeait de ces désagréables fonctions sur une autre personne, qu'il indemnisait, et qui, ayant prêté serment, était personnellement responsable de l'exercice de ses pouvoirs. Souvent, le même agent était payé tous les ans par un autre habitant, de sorte qu'on en vint à nommer un constable directement payé par la caisse communale. Diverses lois (2-3, Vict., c. 93; 3-4, Vict., c. 28; 19-20, Vict., c. 69) ont prescrit ou facilité la création d'un corps d'agents de police du comté, formant une compagnie sous un chef. Cette force publique est sous les ordres des juges de paix et rend inutile maintenant la création de constables des paroisses. Les juges de paix, toutefois, ne sont pas des magistrats de la commune, mais du comté (du département [1]).

(1) Voyez ce mot dans notre *Dictionnaire d'administration.*

Nous pouvons maintenant résumer l'organisation municipale des petites communes anglaises : le conseil municipal est remplacé par l'assemblée générale des habitants, le maire par un certain nombre de fonctionnaires, agents ou comités, ayant chacun une attribution déterminée, agissant chacun pour son propre compte et sans vues d'ensemble. Il en résulte, entre autres, que si un besoin imprévu — une nouvelle attribution — surgit, il n'y a personne pour l'exercer, si ce n'est le juge de paix qui, on ne doit pas l'oublier, joue en cette circonstance le rôle de préfet.

Elections municipales. — Tous les contribuables sont électeurs, même les non-résidants; c'est qu'on distingue les *habitants* — auxquels la plupart des fonctions sont réservées — et les *paroissiens*, terme qui comprend tous ceux qui payent les impositions (*rates*). Actuellement le vote a lieu par bulletins (*in writing*). Les électeurs jouissent d'un nombre de voix proportionnel au montant de leur impôt. Celui qui est imposé à raison d'un revenu cadastral de 50 livres sterling et au-dessous a une voix; un revenu imposable de 50 à 100 donne droit à deux voix ; 100 à 150 à trois voix; 150 à 200 à quatre voix; 200 à 250 à cinq voix; 250 et au-dessus six voix (Loi 7-8, Vict., c. 101). Les absents peuvent voter par un délégué (proxy) ; les corporations par l'un de leurs fonctionnaires. La liste électorale est dressée par les overseers.

Finances communales. — Il est de principe que toutes les dépenses communales doivent être couvertes en première ligne, s'il y a lieu, par des revenus de biens ou de fondations, et en second lieu, par des rates, taxes directes sur le revenu qu'on tire de biens situés dans la localité. Des taxes indirectes ne peuvent être levées qu'en vertu d'un acte du parlement. Il en est de même des emprunts.

La matrice cadastrale (la liste des imposables) est dressée par un comité pris dans le bureau des gardiens des pauvres; toutes les impositions communales sont réparties sur les bases adoptées pour la matrice. Le *collector* (receveur) est maintenant généralement un agent rétribué. Il est nommé par le bureau des gardiens et confirmé par le local government board. Le receveur dépose un cautionnement. Ses comptes sont apurés par le local government board.

Les villes dites Municipal boroughs.

Dans les villes, l'organisation municipale ressemble à celle qu'on rencontre sur le continent, puisqu'elles ont un maire et un conseil municipal, mais il y a néanmoins encore de notables particularités. Celle qui nous intéresse le moins se rapporte à un classement dont nous nous bornons à expliquer les termes. Le mot *city* — d'un emploi, d'ailleurs, assez rare — n'a jamais eu qu'une signification honorifique, comme l'appellation « bonnes villes » en France. C'était l'usage d'en décorer le siége d'un évêque ; ce seraient alors des *villes à cathédrale.* Le mot *borough,* en Écosse *burgh* (bourg), s'applique à la ville légale, le town est seulement l'agglomération de beaucoup de maisons. Le borough possède soit purement le droit d'envoyer au moins un député au parlement (parliamentary borough au nombre de 83), soit seulement le droit de corporation municipale (*municipal borough* au nombre de 46), c'est-à-dire celui de former une unité municipale complète; il en est aussi qui réunissent le droit parlementaire au droit municipal (au nombre de 163). Il y a en outre quelques centaines de villes, dont une trentaine ont plus de 20,000 habitants, qui n'ont ni l'un ni l'autre de ces droits; les chiffres que nous venons de donner sont susceptibles de varier légèrement, nous ne les donnons que parce que les nombres contribuent à la clarté (1).

Si une ville jouit en outre des droits de comté — d'avoir un sheriff, un coroner, des sessions trimestrielles à part, elle est une « *city of a county* » (il y en a 19). Nous aurons à parler plus loin d'autres combinaisons, mais ici nous ne traiterons que des villes jouissant des droits municipaux, qu'elles soient, ou non, en même temps bourgs parlementaires; encore nous restreindrons-nous aux (163 + 46) 209 villes qui ont accepté la loi du 9 septembre 1835 (5 et 6,

(1) Il suffit qu'une ville adresse une pétition au Gouvernement pour être *incorporée*, il n'est donc pas étonnant si les chiffres diffèrent d'une année à l'autre.

W. IV, c. 76). Il y a en effet encore quatre-vingts et quelques boroughs anciens, jouissant d'une charte municipale, mais il s'agit, sauf quelques exceptions, de localités sans importance; nous ne les mentionnons que pour être complet, et sans nous y arrêter.

La loi de 1835 avait pour but de mettre de l'uniformité dans l'organisation des villes et de faire disparaître certains abus, elle était d'ailleurs le complément logique de la réforme électorale de 1832. Les habitants jouissant des droits électoraux sont des *burgesses* (bourgeois). Est burgess tout Anglais domicilié, ayant un loyer d'au moins 10 livres sterl. (250 fr.), âgé de 21 ans, payant ses taxes depuis deux ans; n'ayant pas reçu d'aumône dans les douze derniers mois (l'année finit le 31 août), et porté sur le rôle des électeurs. Depuis la loi de 32-33, Vict., c. 55, une année de résidence suffit pour être porté sur ce rôle. Il est en outre une classe d'électeurs, les *freemen,* qui possèdent ce droit héréditairement — ils le possédaient seuls avant 1835; — mais il n'y a pas intérêt à insister sur ce point. Les électeurs municipaux nomment les conseillers municipaux (*town councillors*), parmi les personnes dont la propriété imposable est d'au moins 500 livres sterling dans les (petites) villes qui ne sont pas divisées en au moins 4 sections (wards), et de 1,000 livres dans les villes de 4 sections et au-dessus. Les conseillers sont élus pour 3 ans, renouvelables par tiers, mais rééligibles. Les conseillers nomment dans leur sein des *aldermen* qui restent à leur poste pendant 6 ans, se renouvellent par moitié tous les 3 ans et sont rééligibles. Les conseillers nomment aussi le maire (*mayor*) pour un an, commençant le 9 novembre ; pour les conseillers, l'année commence le 1er novembre.

Ce qui caractérise les villes, c'est que la plupart des pouvoirs municipaux y sont réunis dans les mains du conseil municipal, soit en vertu de la loi de 1835, soit par des lois subséquentes — chaque loi réglant une spécialité. — L'administration s'exerce par le maire, par les aldermen, par des commissions permanentes prises dans le conseil, enfin par des fonctionnaires salariés : le secrétaire de la ville, le trésorier, etc., nommés par le conseil. Les attributions du conseil comprennent toujours : l'administration des biens communaux et autres revenus, la levée d'impositions communales, le vote des dépenses, puis les matières sanitaires (loi de 1872), la voirie, le pavage et l'éclairage, l'administration des hôpitaux, certaines matières de police municipale, comme la police des marchés, les poids et mesures, etc. L'assistance publique reste généralement, et l'instruction publique (*schoolboard*) toujours un service spécial, seulement le conseil vote ou fait percevoir les fonds qu'on lui demande (1).

La police est exercée par des juges de paix (non rétribués) nommés par le gouvernement, concurremment avec le maire et le maire de l'année précédente. Dans un certain nombre de villes, il y a aussi des juges rétribués (*stipendiary magistrate*), mais ceux-là n'ont aucune influence administrative. Les conseils municipaux peuvent faire des règlements de police municipale, en les soumettant au double con-

(1) Dans les bourgs, les pouvoirs des *improvement-commissions* sont conférés au maire assisté du conseil municipal.

trôle de la publicité et de l'examen supérieur : ils sont affichés pendant 40 jours, et en même temps adressés au ministre de l'intérieur. Pendant ces 40 jours, une ordonnance royale en conseil privé peut supprimer les dispositions critiquables.

Il y a aussi, dans les villes qui sont complétement détachées des comtés, des sessions trimestrielles, dans lesquelles siégent les juges de paix sous la présidence du maire ou d'un juge urbain rétribué qui porte le titre de *recorder*. Ces sessions ont un but judiciaire, mais leur compétence s'étend sur presque toutes les matières que les lois françaises attribuent aux conseils de préfecture.

Les communes semi-urbaines.

C'est le nom que nous nous risquons de donner à des localités qui, sans être *borough*, sont du moins dotées d'une *improvement commission*, ou aussi d'un *local board* (comité municipal). Les *improvement commissions* sont surtout chargées de la salubrité publique, termes très-compréhensifs, car on y peut faire entrer plus de la moitié des services communaux. Cette matière a été « consolidée » (codifiée) dans une loi de 1847. C'est pour le même but qu'on a créé des local boards en 1848, loi amendée et développée en 1858 (21-22, Vict., c. 98). Des borough peuvent adopterou s'appliquer les dispositions de cet acte, c'est-à-dire que les attributions du *local board* se confondent avec celles du maire et du conseil, c'est une extension de leurs pouvoirs(1); mais en thèse générale cette loi s'applique aux communes non incorporées. En 1873, 721 villes ou communes — dont 146 boroughs, l'avaient acceptée, et dans cette même année 26 autres communes ont demandé au ministère de l'intérieur que cette loi leur fût appliquée.

Le ministre se borne à indiquer le nombre

(1) Il est de principe que personne ne jouit d'autres pouvoirs que ceux qui lui ont été conférés par la loi; la loi de 1835 n'ayant pas tout dit, le *town council* se déclare en même temps *local board,* afin d'étendre ses pouvoirs. Cela revient à dire : les communes ne jouissent que des pouvoirs qu'on leur a expressément conférés. Nous n'approuvons ni ne blâmons, et si nous insistons, c'est par haine pour certaines déclamations.

de membres dont le comité doit se composer, les contribuables le nomment, et l'autorité est constituée. Ce comité a tout pouvoir sur les matières qui intéressent la salubrité, l'eau potable, les égouts, la voirie, y compris la construction des chemins, le pavage et l'éclairage, la police autre que la police de sûreté. Cette attribution a été transportée, par la loi de 1866, du ministère de l'intérieur proprement dit au *poorlaw board*, appelé depuis 1871 *local government board*, qui n'en est au fond qu'un démembrement, mais a tout droit d'initiative et même de coercition nécessaire, tant pour ce qui concerne l'assistance publique que la salubrité. En 1872 (35-36, Vict., c. 79), les pouvoirs des *local boards* ont encore été étendus ; ils ont le droit de lever des impositions, de sorte qu'il n'y a plus de différences bien sensibles entre ces communes et celles qui ont adopté la loi de 1835 (les borough).

Londres, la cité et la métropole.

Le nom de Londres n'appartient, à proprement parler, qu'à la city, l'antique ville que gouvernent un lord mayor annuel, 26 aldermen élus à vie par les wards ou sections, et 206 conseillers municipaux (*common councilmen*). De plus, comme la cité a les droits d'un comté, elle a 2 sheriffs, sans compter les fonctionnaires rétribués, le recorder, le serjeant, le trésorier et le secrétaire. Le lord mayor est élu annuellement le 29 septembre, parmi les aldermen qui ont été sheriff; les électeurs sont les membres des 76 *Livery-Companies* [nombre des membres, 7,000 (1)] Ces compagnies, qui représentent les anciennes corporations des arts et métiers, présentent 2 noms à la cour des aldermen, et comme ce ne sont là que des formalités, la cour choisit invariablement le premier sur la liste. Le maire ainsi élu doit aller chercher la confirmation royale, le 9 novembre, dans ce cortége pittoresque que l'on sait. Les aldermen sont élus par les freemen de chaque ward (nombre total des freemen ou électeurs, 20,000). Les freemen sont des chefs de familles, ***housholders***, qui sont *paying scot and bearing lot*, contribua-

(1) Les diverses compagnies ou corporations se distinguaient autrefois par un costume particulier, livrée.

bles et jurés. Le maire et les aldermen sont juges de paix et exercent une juridiction effective. Le conseil a le droit de faire des règlements (*byelaws*), mais ils doivent d'abord figurer un mois dans le journal officiel (*London Gazette*), puis être imprimés et se vendre 1 penny (10 centimes).

Mais l'organisation de la cité, sa grande fortune communale, ses qualités et ses défauts sont connus, nous allons donc consacrer quelques lignes à cette agglomération de communes qu'on appelle la métropole (*Metropolis*). Elle se compose de deux cités, London et Westminster; de huit bourgs parlementaires : Marylebone, Finsbury, Tower Hamlets, Southwark, Lambeth, Greenwich, Hackney, Chelséa (ce qui fait 10 circonscriptions électorales), et d'un certain nombre de paroisses, appartenant aux comtés de Middlessex, de Surrey et de Kent. Ces localités réunies, qui se touchent sans solution de continuité, forment une unité aux points de vue que nous allons énumérer et qui ne sont peut-être pas les seuls :

1. *État civil.* — Le *metropolitan district* du

registrar general a sa délimitation spéciale et ses 28 sous-districts. Au point de vue du registrar, Londres compte 3,254,260 habitants. Les autres délimitations en diffèrent sensiblement.

2. *Police.* — Le *metropolitan police district* a été formé en 1829, en traçant, autour de l'endroit appelé *Charing Cross,* un cercle de 15 milles de rayon (le mille = 1,609 mètres). Ce district (population, 3,885,641 habitants) est sous les ordres de fonctionnaires et magistrats nommés (sauf pour la city) par le ministre de l'intérieur; ce qui est considéré comme un moindre degré d'indépendance que si les magistrats — juges de police simple et correctionnelle — étaient nommés par le ministre de la justice ([1]). Londres

([1]) L'honorable M. George C. Brodrick, dans les *Cobden Club Essays,* volume *Local Government and Taxation* par J. W. Probyn, dit, p. 57: « It is needless to point out that, in these respects, London enjoys a less degree of independence than provincial boroughs, whose councils regulate the borough police, and whose magistrates, instead of being appointed by the home secretary, as head of the imperial Executive, are appointed by the Lord Chancellor, as head of the law. » Nous ne savons si tout le monde en Angleterre fait cette distinction; c'est, en tout cas, la première fois que nous voyons le ministre de l'intérieur désigné comme chef de l'Exécutif, nous avons toujours cru que c'est au premier Lord de la Trésorerie que ce titre revenait.

est divisé en 15 ressorts de tribunaux de police ou en 20 divisions de force publique.

3. *Assistance publique.* — Divisé en 30 districts qui s'occupent chacun de leurs pauvres, Londres a aussi une législation commune, des établissements et un fonds commun. En 1872, 661,889 liv. imputables sur ces fonds communs furent employées à égaliser les impositions dans les différentes parties du *metropolitan district.*

4. *Travaux publics, voirie, salubrité.* — Ce sont les attributions du *metropolitan board of works.* Ce bureau ou comité se compose de 46 membres, dont 3 sont élus par le conseil municipal de la cité, les autres par les boards ou vestrymen des autres parties de Londres. Ce comité est considéré comme l'embryon du futur conseil municipal. Ses pouvoirs s'étendent sur l'agglomération entière (3,266,987 hab.), et il a le droit de lever des impositions (*metropolitan consolidated rate*, loi de 1855). Il reçoit aussi l'octroi sur le vin et les deux tiers des droits sur le charbon arrivant à Londres.

5. *Instruction primaire.* — Il y a à Londres un *school board* commun; la ville est donc uni-

fiée à ce point de vue. Constatons aussi qu'il s'agit du même Londres que pour les travaux publics.

6. Pour le service de la *poste* et du *télégraphe*, Londres forme également une circonscription.

Pour toutes les attributions qui n'appartiennent pas à un service central, les paroisses ont été réunies en districts administrés par des *district boards;* ces bureaux locaux se composent de membres élus par les paroisses, et leur organisation repose le plus souvent sur des lois spéciales.

2° Écosse et Irlande.

Les deux « *Sister-Kingdoms* » de l'Angleterre ont une organisation communale qui diffère en quelques points de celle que nous venons d'esquisser, mais il y a aussi de nombreux points de ressemblance. On distingue également la paroisse du bourg, donnant à ce dernier à peu près la plénitude du pouvoir municipal et maintenant la paroisse dans une certaine dépendance du comté. Dans la paroisse écossaise, ce sont les *parochial boards* (vestry anglais) dont tous les habitants, ayant un revenu de 20 liv. st. au moins, font partie de droit. Les membres du board ont de une à six voix selon le montant de leur revenu imposable. On leur adjoint quelques membres élus par et parmi les habitants qui ont moins de 20 liv. de revenu. En matière d'assistance publique, les paroisses écossaises sont sous la direction d'une commission dite *boards of supervision* et siégeant à Édimbourg. En Irlande, il y a un *local government board,* mais les communes y sont, dans une mesure plus forte, sous une sorte de tutelle exercée par les autorités du comté (*grand juries*), et des *baronial sessions* qui sont des subdivisions du comté.

Les villes ont, en Écosse et en Irlande, également un maire, dit *Provost,* des conseillers municipaux, dits *Bailies,* et une certaine indépendance; mais il n'y a pas uniformité absolue. Il est assez d'usage, de l'autre côté de la Manche, de faire une loi municipale et de laisser aux villes la liberté de l'adopter ou de continuer les anciens errements. Nous ne savons si cette diversité, poussée un peu loin, est bien utile aux villes; la diversité rend la surveillance ou le contrôle difficile et favorise les abus, la routine, la négligence; elle rend plus difficile la connaissance de la législation et contribue au remplacement des magistratures gratuites par des fonctionnaires rétribués. Nous aurions bien voulu donner un aperçu plus complet de l'organisation communale de l'Écosse et de l'Irlande, mais pour être intelligible, nous aurions dû donner des développements que notre cadre ne saurait comporter. Nous nous bornons à renvoyer au livre édité par M. Probyn, *Local Government and Taxation* (London, Cassel, Petter et Galpin), en exprimant le regret que les auteurs ont trop écrit pour les Écossais et les Irlandais, et pas assez pour les habitants du continent.

CHAPITRE II

ALLEMAGNE

L'organisation communale n'est pas de la compétence du gouvernement central de l'Empire, chaque État allemand est souverain en cette matière. Il est cependant des points sur lesquels l'Empire est en droit de tracer des règles, que les États sont appelés à développer et à appliquer. De ce nombre est, par exemple, la question du domicile de secours, qui se rattache, on le sait, étroitement à l'assistance publique [1], matière essentiellement communale. Mais ce ne sont là que des exceptions.

Nous ne pourrons pas, dans les pages qui suivent, parler de tous les États allemands, nous nous bornerons donc à esquisser les législations de Prusse, de Bavière et de Saxe.

1° Prusse.

La législation communale de la Prusse distingue entre les villes et les campagnes. Cette distinction est le résultat du développement naturel des choses. Au moyen âge, un grand nombre de villes avaient conquis leur liberté et s'administraient elles-mêmes, tandis que les campagnes étaient restées plus ou moins dans les liens du servage, le seigneur étant alors le

(1) Voyez notre *Dictionnaire d'administration* au mot *Assistance publique*.

chef de la commune. Plus tard, le servage s'adoucit peu à peu, mais les villes virent leur liberté réduite et puis détruite par l'absolutisme envahissant des gouvernements des XVIIe et XVIIIe siècles.

Telle était la situation lorsque la bataille de Iéna mit la Prusse à deux doigts de sa perte. Ce pays avait alors à sa tête quelques hommes aussi intelligents qu'énergiques; ils avaient vu que le pays avait été abaissé par le despotisme, ils résolurent de le relever par la liberté. Le servage fut aboli (Édit du 9 oct. 1807) et l'on ne recula pas devant l'adoption d'une loi agraire. Les villes reçurent, le 19 novembre 1808, la première loi organique (*Städte-Ordnung*), et l'on promit en même temps une législation communale aux campagnes, promesse dont la réalisation se fit attendre. La loi de 1808 a été suivie de diverses autres qui l'ont profondément modifiée, aussi nous bornerons-nous à extraire quelques passages du préambule de la loi de 1808 et d'analyser les lois postérieures.

Le préambule proclame ce qui suit: « L'absence devenue de plus en plus sensible de dispositions convenables sur l'organisation et la représentation des communes urbaines, la division des intérêts de la bourgeoisie par classes et par corporations de métiers, la nécessité urgente de faire participer les habitants à l'administration communale, nous (dit le roi Frédéric-Guillaume III) donne la conviction qu'il est indispensable de donner aux villes une organisation plus indépendante, d'y établir un centre et de leur conférer le droit d'influer activement sur leur administration, afin de faire naître ainsi un esprit public... »

Nous allons maintenant exposer séparément la législation relative aux villes et celle qui concerne les campagnes, en nous bornant aux anciennes provinces; nous mentionnerons en passant quelques particularités saillantes des autres.

Organisation des villes.

La loi encore en vigueur dans les six provinces orientales est du 30 mai 1853. Cette loi confère le droit de bourgeoisie, c'est-à-dire l'électorat, à tout Prussien — il faut dire maintenant : à tout Allemand (loi du 1er nov. 1867) — majeur, qui habite la ville depuis un an, qui n'est pas à la charge de l'assistance publique, acquitte ses impositions communales, et possède une maison ou un établissement industriel, ou qui paie au moins 4 thalers (12 marks ou 15 francs) d'impôt sur le revenu. Un projet de loi de 1876, sur lequel les Chambres ne sont pas tombées d'accord, demande seulement un cens de 6 marks, mais en laissant les villes libres de modifier cette disposition par un statut local (règlement municipal approuvé). Ce même projet exigeait aussi, dans la plupart des cas, un séjour de deux années. On peut aussi prendre part aux élections municipales sans habiter la ville, si l'on y paie une cotisation plus élevée que l'un des trois contribuables les plus imposés (§ 8). Ce même droit appartient aux personnes civiles (sociétés anonymes, établissements publics, etc.) qui se font représenter par un de leurs directeurs.

Les électeurs nomment le conseil municipal. Ce conseil a 12 membres dans les villes de moins de 2,500 habitants; 18 dans des villes de 2,500 à 5,000; 24 pour 5,001 à 10,000; 30 pour 10,001 à 20,000; 36 pour 20,001 à 30,000; 42 pour 30,001 à 50,000; 48 pour 50,001 à 70,000; 54 pour 70,001 à 90,000 et 60 pour 90,001 à 120,000. Dans les villes de plus de 120,000 habitants, on ajoute 6 conseillers pour chaque 50,000 habitants en sus. Le projet de 1876 réduit un peu les proportions, car la population a augmenté, et les conseils pourraient devenir trop nombreux (1). D'ailleurs, l'article 12 permet à une ville de modifier ces proportions par statut local.

Voici comment les conseillers municipaux sont élus. Les électeurs sont classés en trois colléges : les plus imposés, jusqu'à concurrence du tiers de l'ensemble des contributions directes, forment un collége; la classe intermédiaire forme le second, et les moins imposés le troisième, de manière à ce que chaque collége représente le tiers du montant de l'impôt. Le nombre des membres est loin d'être le même

(1) Le projet du Gouvernement portait 48 conseillers pour 75,000 à 100,000 hab.; les Chambres ont réduit ces 48 à 42.

dans chaque collége. Si nous supposons qu'un ensemble de 10,000 électeurs paient 300,000 fr. d'impôts, il faudra peut-être 100 ou 200 contribuables pour parfaire les 100,000 fr. du premier collége, 1,000 ou 1,500 pour les 100,000 francs du deuxième, et le troisième collége comptera plus de 8,000 membres. Ces chiffres, qui varient d'ailleurs d'une localité à l'autre, peuvent donner une idée de la combinaison ; on comprend qu'elle a pour but de mettre l'influence du contribuable en rapport avec les charges communales qu'il supporte, car chaque collége nomme le tiers des membres du conseil municipal (art. 13). Les grandes villes peuvent être divisées en circonscriptions électorales, soit pour les trois classes à la fois, soit pour l'une ou l'autre seulement ; si des villages faisaient partie de la municipalité urbaine, on leur réserverait un certain nombre de conseillers. L'article 16 de la loi de 1852 veut aussi que la moitié du conseil municipal se compose de propriétaires (ou usufruitiers ou fermiers emphytéotiques) d'une maison, mais cette disposition ne se trouve pas dans le projet de 1876.

Les incompatibilités sont assez nombreuses : ni ceux qui surveillent la commune, par exemple le préfet ou sous-préfet, ni ceux qui touchent des rétributions à la caisse municipale, comme les curés et instituteurs, ni les fonctionnaires du ministère public, ni les agents de police, ne peuvent être membres du conseil municipal.

Les conseillers sont élus pour six ans et se renouvellent par tiers tous les deux ans ; le projet de 1876 voulait les renouveler par moitié tous les trois ans. Le vote est public dans la loi de 1853 (art. 25), l'électeur signe sa liste ou dicte les noms ; mais le projet de 1876 rend le scrutin secret. Si les candidats n'ont pas obtenu la majorité absolue des voix au premier tour, il y a scrutin de ballottage entre les candidats, au nombre double, qui ont eu le plus de voix.

A la tête de chaque ville est placé, soit un comité exécutif dit *magistrat,* soit un fonctionnaire unique dit *bourgmestre,* élus par le conseil municipal. Le magistrat (1) se compose du

(1) Il ne faut pas confondre l'acception allemande de ce mot avec celle qu'il a en France ; le magistrat allemand est toujours une autorité collective et représente *dans son ensemble* le maire. Les décisions sont prises à la majorité des voix.

bourgmestre, président, d'un ou deux deuxièmes bourgmestres (ou adjoints) et de deux à douze échevins ou conseillers (ou aussi un nombre égal au 6e de celui des conseillers municipaux). Ces échevins ne sont pas rétribués, mais le conseil municipal peut décider qu'on adjoindrait aux échevins des membres rétribués, par exemple un syndic (un légiste chef du contentieux), un trésorier, un architecte, un inspecteur des écoles et d'autres hommes spéciaux. Les membres non rétribués du magistrat, qui doivent toujours en former la majorité, sont élus pour six ans, le premier bourgmestre et les autres membres rétribués pour douze ans; ils sont rééligibles. Les membres du magistrat, bourgmestre, adjoint, échevins, conseillers rétribués, doivent être confirmés par le Gouvernement. Si le Gouvernement refuse de les confirmer, le conseil doit présenter d'autres candidats; si les nouveaux candidats sont également rejetés, le Gouvernement peut, en attendant, nommer un commissaire. Le projet de 1876 se borne à demander la confirmation du bourgmestre et de ses adjoints, le Gouvernement renonçant à confirmer les conseillers. Le bourgmestre et les autres membres du magistrat prêtent serment.

Les petites villes partout, et les grandes dans la province rhénane, sont administrées par un bourgmestre sans magistrat. Le bourgmestre et ses adjoints sont également élus et confirmés; dans la province rhénane, ils sont nommés. Le projet de 1876 confère à toute ville le droit de passer d'un régime à l'autre, c'est-à-dire de remplacer le bourgmestre par le magistrat ou *vice versa*. Ajoutons encore que les membres non rétribués du magistrat doivent être élus parmi les habitants de la commune, tandis que le bourgmestre et les membres rétribués peuvent être appelés du dehors par le vote du conseil municipal (1).

(1) On trouve assez souvent, dans les journaux allemands, des annonces demandant une personne qualifiée pour être bourgmestre. Les candidats s'adressent au conseil municipal intéressé. Certaines villes croient qu'on ne peut pas être bon bourgmestre sans avoir appris l'administration communale. Aussi, être bourgmestre est une véritable carrière, dans laquelle on avance parfois de la petite ville à la grande. Le concours public est même prescrit par la loi bavaroise de 1869, art. 177. Ces fonctionnaires ont naturellement droit à pension; le montant en est généralement de la moitié du traitement après douze et de la totalité après vingt-quatre années de service.

Le conseil municipal peut se réunir aussi souvent qu'il le juge à propos et ses séances sont publiques. Dans les villes régies par un magistrat, le conseil municipal élit son président; dans les villes administrées par un bourgmestre, c'est ce dernier qui préside le conseil. Le conseil municipal contrôle l'ensemble de l'administration communale; il règle par son vote tout ce qui est relatif aux finances et aux propriétés des villes, et il influe plus ou moins sur l'ensemble des intérêts communaux. Le conseil peut voter des centimes additionnels, mais l'adhésion du Gouvernement est toujours nécessaire lorsqu'il s'agit de centimes sur l'impôt sur le revenu ou sur des contributions indirectes; aux impôts directs autres que sur le revenu, le conseil peut ajouter 50 centimes sans avoir besoin d'autorisation. Mais il faudrait l'agrément du Gouvernement pour toute imposition d'une forme nouvelle, pour tout emprunt (art. 50), pour l'aliénation de propriétés, pour changer le mode de jouissance de revenus communaux, produit de forêts, de pâturage, etc.

C'est le magistrat — ou le bourgmestre,

lorsqu'il est seul — qui exécute les décisions du conseil municipal. Mais le magistrat a aussi des attributions propres. Il est chargé d'appliquer les lois et d'exécuter les prescriptions des autorités supérieures; de préparer les projets de décision à soumettre au conseil municipal et notamment le budget; de surveiller les établissements communaux; d'administrer les biens et les revenus de la ville; d'en répartir les impositions; de nommer — après avoir pris l'avis du conseil municipal — les fonctionnaires communaux; de représenter la ville vis-à-vis des tiers; de conserver ses archives. Mais un de ses pouvoirs les plus importants, c'est celui de refuser, s'il y a lieu, d'exécuter les décisions du conseil municipal qui dépassent les droits de ce conseil, qui transgressent une loi, ou sont nuisibles à l'État ou à la commune. Ce droit considérable peut causer des conflits, il y en a des exemples. Selon le cas, les affaires sur lesquelles les deux parties du corps municipal ne peuvent pas s'entendre, ou restent en suspens, ou sont portées devant le tribunal administratif (disons le conseil de préfecture) du département.

Les droits du bourgmestre, dans les villes qui n'ont pas de magistrat, ne sont pas aussi étendus ; il ne peut pas tenir en échec le conseil municipal ou, comme dit la loi de 1853 (art. 73), il n'a pas, comme le magistrat, à donner son adhésion (*Zustimmung*) ; il peut seulement : 1° demander une seconde délibération ; 2° refuser d'exécuter les décisions qui constituent un excès de pouvoir ou qui sont contraires aux lois. Du reste, même dans les villes à magistrat, le bourgmestre exerce une influence supérieure à celle d'un autre membre du magistrat, il est toujours le chef de l'administration, et certaines attributions lui appartiennent partout en propre.

Ces attributions se rapportent à la police. La police est considérée comme une délégation de l'État. L'article 166 de la loi organique des villes de 1808 dit expressément : « L'État se réserve d'établir dans les villes des autorités spéciales de police, ou d'en charger le magistrat, *qui l'exerce alors par délégation* (*der sie sodann vermöge Auftrags ausübt*). » L'article 167 ajoute que la police ayant pour but d'assurer la sécurité des habitants de la ville, c'est à celle-ci d'en supporter les frais. La loi du 11 mars 1850, qui est spéciale à « l'administration de la police [1] », dit que la police est exercée au nom du roi. La loi du 30 mai 1853, sur l'administration des villes, dispose (art. 62) que le bourgmestre — personnellement, et non le magistrat, — lorsque le Gouvernement n'en a pas chargé un fonctionnaire spécial, exerce la police locale et représente l'autorité supérieure, dont il est l'agent d'exécution. Le projet de loi de 1876 conférait au bourgmestre seul le droit d'exercer la police; un amendement voté par la Chambre des députés en chargeait le magistrat (dont le bourgmestre exécute les décisions prises à la majorité des voix), du moins en ce qui concerne la réglementation; mais la Chambre des seigneurs a rétabli, sauf rédaction, le projet du Gouvernement.

Un article du projet de 1876 prévoit aussi des conflits entre le bourgmestre et les autres membres du magistrat, lesquels sont naturellement résolus par l'autorité supérieure, mais

(1) Voyez notre *Dictionnaire d'administration* à l'article *Police.*

l'espace ne nous permet pas d'entrer dans trop de développements. Nous ne pouvons pas parler non plus de la division des grandes villes en arrondissements ou quartiers ayant à leur tête des maires de quartier, placés sous les ordres du magistrat.

Nous nous bornerons à dire quelques mots de « la surveillance de l'État ». Il en a déjà été question dans ce qui précède, mais comme la loi de 1853, ainsi que le projet de 1876, consacre tout un *Titre* à cette matière [1], nous trouvons à y relever quelques points.

La surveillance est exercée par le préfet et par le ministre de l'intérieur. Il y a, on le sait, en Prusse un préfet de département (*Regierungspräsident*) et un préfet de province (*Oberpräsident*) qui se partagent la surveillance (art. 76). Ces préfets sont maintenant entourés de ce que nous appellerons par analogie un conseil de préfecture (*Bezirksrath* et *Provinzialrath*), qui se compose de membres nommés et de mem-

[1] Dans le projet de 1876, toutes les dispositions qui se rapportent à la surveillance sont réunies sous le même titre ; dans la loi de 1853, que nous sommes obligés de suivre, les matières sont moins bien classées.

bres élus. Nous en avons parlé dans notre *Dictionnaire d'administration,* au mot *Département* (1).

Si le conseil municipal prenait une décision contraire à la loi, ou qui dépasserait ses pouvoirs, le préfet pourrait inviter le bourgmestre ou le magistrat à ne pas donner suite à la délibération et à lui faire un rapport. La décision du préfet doit être motivée (art. 77).

Si le conseil municipal omettait ou oubliait de porter au budget ou de voter extraordinairement un crédit destiné à s'acquitter d'une obligation communale (*Leistungen*), le préfet, en visant (citant) la loi (qui impose l'obligation), fait inscrire d'office cette dépense (art. 78).

Un conseil municipal peut être dissous par ordonnance royale, le nouveau conseil doit être élu dans les six mois. Cette disposition se trouvait dans le projet de 1876 présenté par le Gouvernement, elle a été rejetée par la Chambre des députés, mais rétablie, avec raison, par la Chambre des seigneurs.

(1) Le projet de 1876 met les villes qui forment à elles seules un arrondissement sous la surveillance du président supérieur avec appel au ministre de l'intérieur, et les autres sous le président du département avec appel au président supérieur.

Administration des communes rurales.

La législation relative aux communes rurales s'est longtemps ressentie des influences féodales; les deux lois du 14 avril 1856, qui ne se rapportent cependant qu'aux six provinces de l'Est, en étaient encore très-fortement empreintes, et la loi du 13 décembre 1872, qui constitue cependant un grand progrès, en a conservé encore une trace, celle de maintenir une autonomie communale aux grandes propriétés qui jouissaient déjà de cette indépendance. Du reste, les lois de 1856 favorisaient déjà l'annexion des grandes propriétés à une commune, en permettant à cette dernière d'accorder au possesseur de ce bien plusieurs voix dans l'assemblée communale. La loi de 1872 remplace complétement l'une des lois du 14 avril, celle qui est relative aux *autorités* locales, mais elle maintient jusqu'à nouvel ordre, du moins en partie, celle qui concerne l'*organisation locale.*

La loi du 13 décembre 1872 s'appelle « la loi organique des arrondissements », et si l'on y a parlé des communes : c'est, d'une part, pour marquer leur place dans l'organisme assez compliqué de l'arrondissement; et de l'autre, pour indiquer les pouvoirs de l'arrondissement sur la commune, le conseil et la commission d'arrondissement se partageant la tutelle de la commune rurale, du moins en première instance.

L'innovation la plus remarquable introduite par la loi de 1872, c'est la réunion des communes en bailliages; en d'autres termes, l'arrondissement est divisé en cantons, à la tête desquels se trouvent des baillis ou maires cantonaux; les communes n'en ont pas moins chacune son maire. Les villes qui forment un canton n'ont pas de bailli, le maire ou bourgmestre en remplissant les fonctions. Nous allons analyser le deuxième titre de la loi de 1872.

Chaque commune rurale a un maire et deux ou trois échevins, élus pour six ans par l'assemblée communale (ou par le conseil municipal), et confirmés par le sous-préfet (*Landrath*). Si la confirmation est refusée, une nouvelle élection a lieu, et si le choix n'est pas encore satisfaisant, le sous-préfet peut nommer un commissaire en attendant une élection meilleure. Le maire ni les échevins ne sont rétribués, mais le maire peut être indemnisé de ses frais. Le maire est l'autorité locale, il doit maintenir la sécurité publique. Il peut arrêter les perturbateurs, à la charge d'en aviser le bailli dans les douze heures. Il doit exécuter les prescriptions de l'autorité supérieure.

Nous avons dit que certaines propriétés forment à elles seules une commune; elles supportent toutes les charges et sont soumises à toutes les obligations d'une commune (entretenir les chemins, les écoles, les pauvres, etc.). Le propriétaire en est le maire de droit, mais il peut, ou présenter un remplaçant convenable, ou passer ses pouvoirs au maire du village voisin. Le choix d'un remplaçant ou mandataire est de rigueur quand la propriété appartient à une société ou à un établissement public, quand elle appartient à un étranger, quand le propriétaire n'habite pas la localité ou le voisinage, quand la maladie, etc., le rend hors d'état de remplir ses devoirs [1]. Mais le propriétaire aussi a besoin de la confirmation sous-préfectorale pour exercer les pouvoirs publics que la loi lui confie. Cette disposition (art. 33) est une conséquence de l'article 46 qui supprime la police féodale et déclare que la police sera exercée au nom du roi (ou de l'État). Le propriétaire a donc besoin d'une investiture.

Les bailliages contiennent soit une ville, soit plusieurs villages, ou des villages et des propriétés indépendantes (*Gutsbezirke*), mais toujours un territoire d'un seul tenant. Ils ont les droits d'une corporation, c'est-à-dire qu'ils sont personne civile. Les organes de l'administration du bailliage sont : la commission du bailliage et le chef du bailliage ou bailli, c'est-à-dire le conseil et l'action. La commission se compose de représentants des communes, soit des maires et échevins, et, au besoin, de membres spécialement élus, le nombre des représentants

[1] Nous venons de reproduire presque textuellement l'article 32. L'article 31 dit que la femme mariée sera remplacée par son époux, les mineurs par leur père ou tuteur, mais il n'est question ni de veuves, ni de demoiselles majeures, de sorte que ces dames pourraient bien se croire en droit d'être *maires*.

étant proportionnel au chiffre de la population et au montant des contributions. Dans les communes qui forment à elles seules le bailliage, c'est le conseil municipal qui exerce les fonctions de la commission.

Ces fonctions sont : contrôler les dépenses communes du bailliage ; délibérer sur les règlements de police que le bailli peut prendre avec l'assistance de la commission ; donner son avis sur les changements de limites du bailliage ; nommer, s'il y a lieu, des commissions chargées d'une attribution spéciale ; donner son avis ou délibérer sur les affaires qui peuvent lui être soumises. La commission est présidée par le bailli.

Le bailli est nommé par le président supérieur (préfet de la province), sur une liste de présentation dressée par le conseil d'arrondissement ; ses fonctions durent six ans. On nomme en même temps un suppléant. En principe, le bailli doit habiter le canton, mais dans certains cas des exceptions peuvent être admises.

Les attributions du bailli comprennent la police de sûreté et de la tranquillité publique, celle des mœurs, de la santé publique, des domestiques, de l'indigence, de la voirie, la police rurale, industrielle, etc., en un mot, la police judiciaire et administrative. Il a en outre les attributions qui lui ont été conférées par les lois spéciales. La viabilité des chemins vicinaux est confiée à ses soins. Il est juge de police. Les maires des communes, les chefs des propriétés independantes, les gendarmes doivent répondre à ses réquisitions. Le sous-préfet, seul ou en commission d'arrondissement, est le chef hiérarchique du bailli.

Le bailli n'est pas rétribué, mais il a droit à une indemnité pour ses frais de bureau, etc.; cette indemnité est supportée en partie par l'État et en partie par la caisse du bailliage. C'est une dépense obligatoire que la commission d'arrondissement (composée du sous-préfet et de quelques représentants élus) peut imposer d'office aux intéressés.

Nous empruntons maintenant à la loi du 14 avril 1856 les dispositions qui n'ont pas encore été abolies.

Le droit électoral dans les communes rurales,

ou la participation aux assemblées générales communales, est déterminé par le statut local, c'est-à-dire par la coutume, la tradition (art. 3). Si, pour une raison quelconque, une commune voulait ou était tenue de régler à nouveau cette question, l'assemblée communale prendrait une décision qui aurait besoin d'être confirmée par le préfet (la *Regierung*). Si cette assemblée n'arrive pas à une résolution, le préfet, disait la loi de 1853, c'est-à-dire la Regierung [voy. l'art. *Département* au Dictionnaire [1]], après avoir entendu le conseil d'arrondissement, fixe les conditions de l'électorat, mais ce règlement doit être approuvé par le ministre de l'intérieur (art. 4). La loi de 1872 confère ce droit aux commissions d'arrondissement; c'est une décentralisation qui paraîtrait poussée bien loin dans d'autres pays, mais on ne doit pas oublier qu'il s'agit de régler une simple coutume locale.

Ce règlement doit d'ailleurs se conformer aux principes formulés dans les articles 5 et 6

(1) C'était, jusqu'en ces derniers temps, un comité administratif qui remplaçait le préfet, mais des lois récentes ont donné au président de ce comité une telle prééminence qu'on peut très-bien le comparer au préfet.

de la loi et que nous allons résumer. Ne peuvent être électeurs : 1° que les chefs de famille domiciliés dans la commune ; 2° ou les propriétaires d'exploitations rurales, de fabriques ou d'usines situées sur le territoire de la commune, lors même qu'ils ne l'habitent pas (*forense*, forains) ; 3° les propriétaires de grandes propriétés peuvent obtenir plusieurs voix ; 4° les habitants peuvent aussi être divisés en plusieurs classes (une voix, moins d'une voix, plus d'une voix) ; 5° plusieurs petits propriétaires peuvent disposer ensemble d'une voix collective, et se faire représenter par l'un d'eux à l'assemblée communale (art. 5).

Le droit électoral étant ainsi rattaché à une propriété, des incapables peuvent en jouir, mais il doit être exercé en leur nom : pour les mineurs par leur père ou tuteur, pour la femme mariée par son époux, pour des demoiselles majeures par un autre électeur, etc.

La commune peut désirer remplacer l'assemblée communale par un conseil municipal (art. 8). Elle peut aussi demander à être déclarée ville, et en revanche une ville peut obtenir la permission d'adopter le régime des communes rurales (art. 17). Le ministre peut dissoudre le conseil municipal et prescrire de nouvelles élections (art. 9).

On peut dire sans exagération que l'organisation des petites communes de l'est de la Prusse est encore bien primitive, car presque en toutes choses c'est la coutume qui les gouverne. Elles ont si peu de besoins ! La loi de 1872 a réglé des points importants, mais il reste à compléter la législation. La loi complémentaire est prévue dans la loi de 1872.

C'est peut-être parce que ces petites communes ne peuvent pas se suffire que l'article 53 de la loi de 1872 autorise les communes à charger, par une décision spéciale, le bailliage de diverses attributions qui leur incombent, en mettant à sa disposition les revenus destinés à couvrir la dépense. Pour ces matières déléguées, la commission cantonale fonctionne comme conseil municipal. Cet article 53 pourra bien avoir pour effet de constituer peu à peu un canton municipal.

Les communes rurales, aussi bien que les

bailliages, sont sous la surveillance et même sous la tutelle de la commission (permanente ou exécutive) d'arrondissement. On sait que cette commission est composée du sous-préfet et de quelques habitants notables de l'arrondissement. Elle est compétente pour les changements de limite et les réunions de territoires; pour la modification des conditions de l'électorat dans les communes rurales pour les autorisations d'aliénation ou de vente d'immeubles situés hors du territoire communal, et de contracter des dettes (à la place des tribunaux indiqués dans le code général de 1794); pour approuver les nouvelles impositions (à la place du préfet et du ministre de l'intérieur); pour réviser les comptes de la caisse municipale, et pour beaucoup d'autres affaires qui étaient autrefois dans les attributions du préfet (de la Regierung). On entrevoit que la loi du 13 décembre 1872 procède à une sérieuse décentralisation, mais elle n'était que le point de départ de toute une série de lois que nous avons exposées ailleurs.

Provinces de l'Ouest.

La province de Westphalie est la première qui ait eu des baillis, et son organisation a peut-être influencé le législateur de 1872. Dans la province Rhénane aussi, il y avait des maires cantonaux dès la loi de 1845 (23 juillet) ou même antérieurement, la loi du 15 mai 1856 n'a fait que les maintenir. C'est à ces maires que le titre de bourgmestre est réservé dans les campagnes, les villages ayant leur chef ou échevin (*Schöffe*); les petites villes forment naturellement un canton et ont un bourgmestre à elles seules. Le droit électoral est en général attaché à un cens (souvent de 7 fr. 50 c.). Lorsqu'une commune (village) ne compte que 18 habitants ayant leur droit électoral, ces habitants forment l'assemblée communale; si le nombre des habitants est plus grand, ils doivent élire un conseil municipal. Ce conseil ne peut se réunir que lorsqu'il est convoqué. Il est présidé par le bourgmestre, ou par l'échevin communal délégué par lui; dans ce dernier cas, le vote doit être communiqué immédiatement au bourgmestre.

L'échevin communal, *Schoffe, Vorsteher* (maire), est nommé par le sous-préfet, sur la proposition du bourgmestre (maire cantonal). Le *Schöffe* n'est pas rétribué. Le bourgmestre est nommé pour six ans par le préfet, sur la proposition du sous-préfet. Les bourgmestres sont rétribués. Les attributions du bourgmestre et celles du conseil municipal ou cantonal ne diffèrent pas sensiblement de ce qui est en vigueur ailleurs.

Les provinces nouvelles formées en 1866 : le Hanovre, la Hesse et le Nassau, le Schleswig-Holstein, ont presque entièrement conservé leur législation communale, mais nous ne croyons pas devoir signaler les dispositions de détail qui diffèrent, les points principaux étant presque identiques. Le projet de loi de 1876, sur l'organisation des villes, devait s'étendre sur les provinces de l'Est et en même temps sur la Westphalie et le Rhin, mais non sur le Hanovre, la Hesse et le Schleswig-Holstein.

2° Bavière.

La loi communale bavaroise est du 29 avril 1869, avec des amendements du 19 janvier 1872, elle s'applique à la fois aux villes et aux communes rurales. La loi de 1869 définit les communes : « des corporations publiques (des établissements publics) ayant le droit de s'administrer elles-mêmes, en se conformant aux lois. »

Sont électeurs tous les Allemands majeurs qui habitent la commune, y paient une contribution directe, et qui ont *demandé* le droit de bourgeoisie. Ce droit est conféré par l'administration communale, et la loi fixe le maximum des taxes d'admission à percevoir. Le maximum est (art. 20), dans les grandes villes, de 200 fr., dans les petites, de 50 fr. (Nous évaluons le florin à 2 fr).

La fortune de la commune doit rester intacte, des aliénations ne peuvent avoir lieu qu'avec l'autorisation du Gouvernement, sous des conditions qui sont développées à l'article 27 de la loi de 1869. Les communes sont tenues à certaines dépenses, lesquelles sont couvertes en première ligne par les revenus des propriétés communales, par les droits, taxes et amendes à payer à la caisse municipale, par des impositions et même par des droits d'octroi. La loi pose des règles pour l'assiette de ces divers impôts. Pour l'introduction de nouvelles contributions, les plus fort imposés sont appelés à siéger au conseil, mais seulement les cinq qui supportent à eux seuls au moins le tiers de l'ensemble de la cote communale. Ces contribuables exceptionnels peuvent se faire représenter par des délégués. Les membres du conseil jouissent, dans les séances où il s'agit de créer un impôt nouveau ou d'élever les impositions existantes, d'une voix pour moins de 20 fr. d'impôts, et d'une voix pour chaque 20 fr. en sus; mais personne ne peut disposer à lui seul de plus du tiers des voix (art. 47). La commune peut voter des prestations, soit en travaux, soit en service de police (patrouilles, etc.). La commune peut contracter des emprunts, mais elle a besoin de l'autorisation supérieure si la dette dépasse 1,000 fr. dans les communes de 2,500 habitants, 2,000 fr. dans les communes de 2,500 à 5,000 habitants, 10,000 fr. dans celles de 5,000 à 20,000 habitants, 20,000 fr. dans les communes plus grandes.

L'organisation administrative des villes diffère de celle des communes rurales.

Les villes ont un magistrat ([1]) et des « mandataires » (*Bevollmächtigte*) ou conseillers municipaux. Le magistrat se compose d'un bourgmestre (ou de 2 et même 3) et de 6 à 20 conseillers, non compris un ou plusieurs membres rétribués (un juriste, un architecte ou ingénieur, etc.). Les membres du magistrat sont élus pour six ans par le conseil municipal. Les membres non rétribués se renouvellent par moitié tous les trois ans. Le premier bourgmestre peut être rétribué. Son élection, ainsi que celle des conseillers rétribués (conseillers techniques), a besoin de confirmation (du préfet ([2]) ou du ministre, selon le cas); au bout de trois ans, ces fonctionnaires peuvent être nommés à vie. Le magistrat exerce les attributions ordinaires du maire, y compris la police; le bourgmestre est en outre conciliateur. Les conseillers municipaux, « mandataires communaux », sont élus pour

([1]) C'est à dire : comité municipal. (Voy. p. 130.)

([2]) Nous mettons préfet, par analogie ; la *Kreisregierung* (gouvernement du cercle) est une autorité collective.

neuf ans et se renouvellent par tiers; ils ne sont pas rétribués. Les pouvoirs de ce conseil sont très-étendus, et nous trouvons (art. 117) que l'abstention, lors d'un vote, est interdite.

Les communes rurales sont organisées de la même manière; seulement, au lieu d'un magistrat, il y a un bourgmestre seul, et le conseil municipal s'appelle *Ausschuss* (commission de l'assemblée communale).

La surveillance du Gouvernement s'applique surtout à la police; dans ses affaires propres, surtout lorsque le magistrat et le conseil municipal sont d'accord, le Gouvernement intervient peu. Cette loi de 1869, qui compte 206 articles souvent très-longs, mériterait d'être l'objet d'une étude spéciale.

3° Saxe.

Le royaume de Saxe est régi par la triple loi du 24 avril 1873, dont l'une organise les grandes communes ou villes, l'autre, les moyennes et petites communes, la troisième, les communes rurales. Elles sont naturellement conçues dans le même esprit; on a seulement simplifié les rouages administratifs pour les localités plus petites. La tutelle est aussi plus étroite pour les petites communes. Nous n'analyserons pas les lois de 1873 qui, dans leur ensemble, ont beaucoup d'analogie avec les lois prussiennes et bavaroises, mais nous relèverons quelques articles saillants.

Pour être électeur, il faut être bourgeois. *Ont droit* à se faire délivrer le titre de bourgeois par le conseil urbain (*Stadtrath*, synonyme de magistrat) : les Saxons âgés de 25 ans, jouissant de leurs droits, habitant depuis deux ans, etc., et payant au moins un thaler (3 fr. 75 c.) d'impôt direct; SONT OBLIGÉS à se faire recevoir bourgeois: les individus mâles, habitant depuis trois ans et payant au moins 3 thalers d'impôt (Loi 1873, *Villes*, art. 17). Le nouveau bourgeois promet solennellement de remplir ses devoirs, etc. (art. 16). Les femmes non en puissance de père ou de mari ne peuvent pas voter dans les villes (Loi, *Villes*, art. 44) ; dans les villages (Loi, *Communes rurales*, art. 34), il y a des électrices, mais elles ne sont pas éligibles.

Dans la répartition des impositions, les traitements et pensions ne sont évalués qu'aux $\frac{1}{5}$ de leur montant (art. 30).

Le bourgmestre *doit* (*muss*) être rétribué (art. 83). Il est élu par le conseil urbain et le conseil municipal en séance collective, et confirmé par le Gouvernement. Le conseil municipal est élu pour trois ans et se renouvelle par tiers tous les ans. Il peut être formé de représentants de classes ou catégories de citoyens (tant d'agriculteurs, tant d'industriels, etc.). [Voyez plus loin l'Espagne.] Le conseil municipal élit le conseil urbain pour six ans, il est renouvelable par tiers. Les membres rétribués sont généralement nommés à vie.

Dans les petites villes, le conseil urbain se compose du bourgmestre (rétribué) et d'un ou plusieurs adjoints, de plus du conseil municipal. C'est ce conseil qui élit le bourgmestre et les adjoints; c'est au sous-préfet à les confirmer.

L'administration d'une commune rurale se compose du chef de la commune (maire), d'un ou deux « anciens » (échevins) et de plusieurs conseillers municipaux. Dans les communes qui comptent 25 électeurs au plus, l'assemblée communale remplace le conseil. Le maire et les anciens sont élus et confirmés.

En Saxe aussi il est des propriétés qui ne font pas partie du territoire d'une commune. Les possesseurs en sont maires de droit, mais ils sont aussi soumis aux obligations imposées aux communes. Du reste, la loi favorise leur accession à une commune, en leur accordant l'entrée héréditaire dans le conseil (Loi, *Communes rurales*, art. 30), et en ne permettant pasde revenir sur l'accession lorsqu'une fois elle a été décidée (art. 82, etc.).

Mentionnons encore comme caractérisant plus particulièrement la loi communale saxonne — on retrouve d'ailleurs cette disposition presque partout en Allemagne — la disposition qui veut que chaque ville ait son statut. La loi saxonne ne se borne pas ici, comme d'autres lois, à permettre : elle ordonne. Le statut local dispose de tout ce qui n'est pas réglé dans la loi, qui d'ailleurs lui abandonne expressément le règlement d'un grand nombre de points. La loi n'est censée établir que des principes généraux. (Voyez le chapitre consacré à l'Autriche-Hongrie.)

CHAPITRE III

RUSSIE

C'est bien pour suivre l'ordre géographique que nous parlons maintenant de la Russie, mais c'est aussi à cause de la ressemblance, du moins extérieure, de ses institutions communales avec celles de la Prusse. Les villes et les communes rurales ont des législations séparées et le mécanisme des services publics a un certain air de famille, mais cette fois du moins il est impossible de dire que la Russie a copié, car ses lois sont antérieures (sauf quelques dispositions). Ajoutons qu'il n'est pas probable non plus que la Prusse ait copié, car sa loi de 1872 avait déjà été présentée en 1869 et le germe en existait auparavant. En fait, il y a ressemblance, parce qu'on s'est placé au même point de vue, *le selfgovernment* communal et provincial *sous la surveillance de l'État,* les deux germes identiques se sont développés sous l'influence de milieux différents.

1° *Organisation des villes.*

La législation en vigueur est celle du 16 juin 1870 (calendrier russe, donc 28 juin du nôtre), et l'on y est arrivé après bien des tentatives que raconte entre autres M. P. Schwanebach dans une publication intitulée : *Russische Städteordnung* (Saint-Pétersbourg, chez C. Röttger, 1874). Nous nous bornerons à donner une courte analyse de la loi de 1870, en nous servant en partie de la traduction de M. Kapnist [1], insérée dans l'*Annuaire de législation étrangère,* mais en la commentant au besoin.

Est électeur tout habitant russe âgé de 25 ans, domicilié depuis deux ans, propriétaire d'un immeuble situé sur le territoire de la ville et soumis à la contribution foncière, ou chef d'un établissement industriel ou commercial, et

[1] Gentilhomme de la chambre de S. M. l'Empereur de Russie.

s'acquittant régulièrement du paiement des impositions communales (art. 17). Les établissements publics, sociétés, etc., soumis à la contribution foncière ou à la patente, les absents, les propriétaires incapables (femmes, mineurs) peuvent se faire représenter aux élections (art. 20 et 21). Personne ne peut avoir plus de deux voix, la sienne et celle de la personne qu'il représente (art. 23). Le vote a lieu au scrutin secret (art. 21). Citons à titre de singularité l'article 32 : « Le moyen de s'assurer de l'identité des électeurs est laissé à la sagacité du maire », et l'article 33 : « Il n'est exigé aucune preuve par rapport à l'âge et aux autres conditions prescrites... », mais on lit à haute et intelligible voix l'article du code pénal indiquant la peine qui atteint les faux électeurs. C'est le système répressif dans toute sa pureté. A quoi donc sert la liste électorale (art. 21 et suiv.) ?

Pour l'élection des membres du conseil municipal, les électeurs sont divisés, selon le montant de leur impôt, comme en Prusse, en trois classes, formant chacune un collége électoral et nommant le tiers du nombre des conseillers municipaux (art. 24).

L'administration de la ville se compose du conseil municipal (*Gorodskaïa douma*) et d'un comité exécutif (*Gorodskaïa ouprava*) semblable au magistrat allemand et que M. Kapnist a traduit à tort par *régence*. Les pouvoirs de la *douma* (conseil municipal), dont les membres sont élus pour quatre ans, sont très-étendus : elle élit le maire et le comité exécutif, l'*ouprava,* ainsi que la plupart des fonctionnaires et employés municipaux et en fixe les traitements ; elle vote le budget, délibère sur les impôts, accepte les donations, apure les comptes, règle le mode d'administration des biens, inspire et contrôle le comité exécutif. Le conseil municipal est tenu de se réunir deux fois par an, puis aussi souvent que les affaires l'exigent. Il est convoqué spontanément par le maire, ou sur la demande du gouverneur (préfet) ou sur celle d'un cinquième des membres du conseil. La douma est présidée par le maire.

Le maire préside aussi le comité exécutif (*ouprava*). Le nombre des membres de ce comité ne peut pas être inférieur à deux, sauf dans les petites villes, mais il est généralement supérieur à ce chiffre. Le comité prépare et exécute les décisions du conseil municipal; dans les matières de sa compétence propre, les décisions sont prises à la majorité des voix, mais si le vote semble au maire contraire aux lois, il sursoit à l'exécution et soumet l'affaire au Gouverneur, qui la renvoie à un comité spécial (art. 77). Ce comité se compose du sous-gouverneur, du président de la chambre des finances, du procureur au tribunal et de plusieurs autres fonctionnaires. Il peut y avoir aussi des conflits entre la douma et l'ouprava; dans ce cas, le même comité (art. 11) prononce.

Le maire et les membres de l'ouprava sont élus pour quatre ans et renouvelables par moitié, mais rééligibles. Avant leur installation, ils prêtent un serment professionnel.

Les attributions de la police se divisent entre le chef de la police locale, qui est un fonctionnaire de l'État chargé de la police de sûreté, la douma et l'ouprava. La douma fait (ou vote) les règlements de police administrative et les soumet au chef de la police, qui peut d'ailleurs provoquer la rédaction d'un règlement jugé nécessaire par lui. S'il n'y a pas accord entre les deux autorités, le projet est soumis au comité spécial mentionné plus haut. S'il y a accord, le règlement voté est transmis au gouverneur qui, s'il n'y a pas d'objection, le fait insérer dans le journal de la province. C'est là une approbation, mais non une promulgation, c'est au conseil municipal (douma) à porter le règlement à la connaissance de ses administrés (art. 106). Les règlements de police relatifs au marché ont besoin d'une approbation expresse du gouverneur ou du ministre de l'intérieur (dans les chefs-lieux de province).

L'ouprava autorise la construction de quais de déchargement, l'établissement de bains, théâtres, fabriques et manufactures non incommodes ni nuisibles, et en général applique les règlements rédigés ou votés par la douma.

L'administration des biens de la ville est dirigée par l'ouprava conformément aux règles tracées et aux votes émis par la douma. Celle-ci peut (art. 116) acquérir ou aliéner au nom de la ville des biens meubles et immeubles, passer des contrats, intenter et soutenir des procès. Les terrains du domaine public ne peuvent pas être aliénés (art. 120). C'est naturellement l'ouprava qui est l'organe de la douma.

Le conseil municipal est autorisé, une fois pour toutes, à établir, au profit de la ville, les impositions suivantes :

1° Une contribution foncière proportionnelle ;

2° Une patente, faisant dépendre le droit d'ouvrir un atelier ou un magasin du paiement de cette taxe ;

3° Un impôt spécial sur les cabarets, restaurants, auberges et hôtels ;

4° Un impôt sur le roulage et les transports ;

5° et 6° De même sur les chevaux de luxe et sur les chiens.

Les impôts 3° à 6° doivent être approuvés par voie législative. Les péages et contributions indirectes que la douma voudrait établir ne seraient exécutoires qu'après avoir reçu l'approbation du ministre de l'intérieur, les ministres des finances et des voies de communication consultés. L'approbation du ministre de l'intérieur est nécessaire pour tout emprunt dont le montant dépasse la somme des revenus de la ville pendant les deux années précédentes.

L'intervention du Gouvernement a lieu surtout dans les cas suivants. Le choix des maires et de son adjoint doit être ratifié par le ministre de l'intérieur pour les chefs-lieux de province et par les gouverneurs pour les autres villes (art. 92). Si l'administration urbaine néglige de remplir une des obligations que la loi met à sa charge, elle peut y être contrainte par le gouverneur (art. 12). Il en résulte que l'article 139 de la loi énumère les dépenses obligatoires : si ces dépenses n'étaient pas couvertes par le vote du conseil municipal, le gouverneur imposerait d'office les centimes additionnels nécessaires. Voici l'indication sommaire des dépenses obligatoires : frais d'administration ; — entretien des bâtiments et monuments publics ; — paiement des dettes (intérêt et amortissement) ; — subventions promises à des établissements publics ; — casernement ; — prisons ; — contingent aux frais de police de la ville (l'État y contribue de son côté); — entretien d'un corps de pompiers et tout le matériel nécessaire pour éteindre les incendies. Nous avons déjà vu qu'en matière de police le Gouvernement s'est réservé son droit de surveillance (art. 103-106, 111-113). Enfin, le Gouvernement intervient en matière financière et vérifie les comptes.

2° *Organisation des communes rurales.*

La commune rurale proprement dite (*Mir*) est plutôt une unité économique qu'une unité administrative; la plus petite unité administrative est peut-être le *volost* (voloste), mot qu'on traduit généralement par canton. La commune rurale, dans une très-grande partie de la Russie, est caractérisée par la possession collective des terres. Chaque chef de famille y a droit à un champ d'une grandeur déterminée, et dont il jouit jusqu'à la prochaine distribution. Il est vrai que les distributions ne sont plus annuelles, qu'elles reviennent à des époques de plus en plus éloignées, mais le droit existe et partant il faut en tenir compte [1]. Cette organisation a naturellement exercé une influence sur la législation, et elle a dû maintenir à la commune des pouvoirs qu'on ne lui aurait pas laissés dans d'autres pays. Nous signalons notamment le droit « d'expulser de la commune des membres reconnus dangereux ».

L'organisation établie par la loi du 19 février (3 mars 1861) est d'ailleurs très-simple : l'ensemble des chefs de famille forme l'assemblée communale, laquelle est présidée par le

[1] On croit généralement que, le territoire de la commune appartenant à l'ensemble des chefs de famille, on répartit les terres en portions de plus en plus petites à mesure que le nombre des chefs de famille augmente. Par exemple : si le territoire était de 1,000 hectares et le nombre des familles de 100, chaque famille recevrait 10 hectares ; si le nombre des familles s'élevait à 200, la part de chacune ne serait plus que de 5 hectares. En fait, les choses se passent autrement. Une unité de convention, *taglo* (un lot généralement assez grand pour nourrir une famille), est adoptée dans chaque village ; chaque chef de famille reçoit son taglo ; si le territoire de la commune est étendu, il reste une superficie disponible pour y tailler de futurs taglos ; cette superficie sert en attendant au parcours commun. Mais il arrive aussi que le territoire est petit et que le nombre des ayants droit dépasse celui des taglos, alors on dit à ceux auxquels le tirage au sort a été défavorable : Tâchez de gagner votre vie comme vous pourrez, si un lot devient vacant un jour, on vous le réservera.

starosta (ancien), qu'elle a élu pour trois ans. C'est ainsi en famille que se traitent les affaires communes, parmi lesquelles, outre la question des terres, il faut nommer celles des impôts et du recrutement. Il est probable que les nouvelles lois sur le recrutement diminueront un peu la responsabilité des communes sur ce point, mais la commune restera toujours solidaire pour l'impôt. Du reste, elle l'est dans tous les pays pour les impôts de répartition. C'est le starosta qui doit veiller à la rentrée des contributions, bien que les communes aient l'habitude d'élire ou de désigner un percepteur. Le starosta veille aussi à l'entretien des chemins, bacs et ponts, à la bonne tenue des écoles et des hospices, s'il y en a, enfin à la sécurité publique, en arrêtant les malfaiteurs et, en tout cas, en avertissant la police. C'est un vrai maire.

Le volost ou canton a un chef ou maire qui porte le titre de *starchina;* il est assisté et contrôlé par un conseil (municipal) cantonal. Ce conseil se compose de tous les fonctionnaires électifs des communes et du canton, et, de plus, d'un délégué par dix feux; les hameaux de moins de dix feux peuvent également envoyer un délégué. Ce conseil est chargé de l'élection des fonctionnaires et agents cantonaux, y compris les juges du tribunal de paix du canton; de l'établissement et de la répartition des impositions cantonales; de la révision des listes de recrutement; de l'instruction et de l'assistance publiques; en un mot, de tous les intérêts cantonaux. Faisons remarquer, en passant, que les terres des seigneurs ne font partie ni de la commune, ni du canton; elles ne sont représentées que dans le conseil de district.

Le starchina, assisté des starosti, forme le comité exécutif cantonal. Le starosta ne semble pas avoir besoin de confirmation, mais le starchina, qui est élu pour trois ans par le conseil cantonal, est confirmé, la loi de 1861 disait par « l'arbitre de paix », mais ce fonctionnaire, créé pour régler les détails de l'émancipation, a été supprimé en 1874 et remplacé par un conseil composé presque uniquement de fonctionnaires et dont le sous-préfet ou chef de district fait partie. C'est ce conseil qui est chargé de la tutelle des communes et des cantons. Le starchina a la responsabilité de l'administration cantonale, le comité exécutif n'a, dans le plus grand nombre des cas, que voix consultative.

Ajoutons pour terminer cette rapide esquisse, que les cantons — comme les communes — ont des dépenses obligatoires : 1° les frais d'administration ; 2° les dépenses pour la vaccination, et, s'il y a lieu, celles causées par les épidémies et les épizooties ; 3° les frais d'entretien des greniers communaux ; 4° l'entretien des chemins ; 5° les secours aux personnes âgées ou infirmes ; 6° les mesures en cas de calamité publique [1].

[1] Nous empruntons ce qui suit au *Temps* du 13 novembre 1871.

On écrit de Saint-Pétersbourg à la *Gazette nationale* de Berlin :

« Une des plus singulières anomalies de notre temps (?), c'est la distinction faite en Russie entre les villes et les villages. La plupart de nos villes sont des centres administratifs qui sont souvent créés tout exprès au milieu des gouvernements, des cercles et des arrondissements, pour rendre possibles la surveillance officielle et l'administration gouvernementale. Souvent le centre du cercle gouvernemental a été déplacé ; alors les villes, reconnues autrefois pour telles, restaient inscrites à leur rang, tandis que l'industrie et la partie la plus importante de la population émigraient et s'établissaient dans des villages et des bourgs non revêtus de la dignité de ville. C'est ainsi que s'explique ce fait singulier : nous avons 148 villes dont les habitants dépassent le nombre de 10, mais n'atteignent pas celui de 100 ; nous avons même 4 villes qui ne comptent pas 10 habitants. Par contre, nous avons des

CHAPITRE IV

AUTRICHE-HONGRIE.

Les deux moitiés de cet empire, la *Cisleithanie* et la *Transleithanie,* sont complétement autonomes relativement aux affaires communales, nous les traiterons donc séparément.

1° Autriche.

L'Autriche (Cisleithanie), ou comme on dit souvent dans les actes officiels, « les pays repré-

villages industriels, comme Iwanowo, dans le gouvernement de Wladimir, qui possèdent une population dont des villes plus connues pourraient s'enorgueillir. Très-longtemps le Gouvernement n'avait même pas connaissance de ce fait, parce que ce n'est que depuis peu d'années que l'on a commencé à compter la population réelle, au lieu de la population supposée en droit. A une époque où nous nous étions convaincu nous-même que la ville d'Azoff comptait tout au plus 300 à 400 âmes, les registres officiels portaient la population à 14,000 âmes.

« Les Archives statistiques militaires » ont été les premières qui aient donné les chiffres véritables. Ce fut une révélation plus triste que les pessimistes et les satiriques n'eussent pu l'imaginer. C'est ainsi que dans le gouvernement de Saratow, Al Karsk appartient également aux 152 villes qui n'ont pas plus de 10 à 100 habitants, tandis que, à côté, Télaxy déploie avec sa nombreuse population une activité industrielle et commerciale gigansentés au parlement de Vienne », a une loi municipale générale et des lois provinciales. La loi générale est datée du 5 mars 1862, elle pose des principes et les laisse développer par la législature de Bohême, de Galicie, de l'Archiduché, du Tyrol et des autres « pays de la couronne ». L'espace ne nous permettant pas d'entrer dans des détails, nous emprunterons tantôt à la loi générale, tantôt aux lois spéciales ou provinciales, les dispositions qui nous paraîtront le plus susceptibles de donner une idée exacte de l'organisation communale.

tesque et exporte chaque année pour plus de 8 millions de roubles de blé et de produits manufacturés, sans compter au nombre des villes. Cette dénomination de villes et de villages a une grande portée, en vertu du développement historique de notre droit local. Dans les villages, c'est le droit de la campagne qui est en vigueur, et ce droit entraîne lui-même des conséquences graves, sans que le genre d'activité de la population puisse rien y changer. Dans les villages, les lois autorisent exclusivement les citoyens-paysans (ou mieux, les paysans ayant droit de bourgeoisie) à acheter des terres. Les industriels ne peuvent louer les terrains que sous des restrictions diverses et pour 12 ans seulement; après ce délai, ils sont tenus de rendre aux citoyens (bourgeois) de l'endroit les bâtiments qu'ils ont élevés. Par conséquent, il leur est impossible, avec des délais si courts, de s'arranger des greniers convenables; ils se contentent des granges et des huttes les plus misérables, lesquelles, couvertes de chaume, ne résistent point au feu et ne protégent point leurs biens. »

Les trois premiers articles de la loi de 1862 prescrivent que toute localité et tout citoyen fassent partie d'une commune, et laissent chaque citoyen libre de s'établir où il veut. Ce dernier point, qui est une des conquêtes des temps modernes, a été plus clairement exprimé dans la Constitution du 21 décembre 1867. L'article 1er prévoit qu'il y aura dans certaines provinces des propriétés formant à elles seules des communes : elles auront à en remplir tous les devoirs, mais elles ne jouiront que des droits publics (c'est-à-dire, le propriétaire ne sera investi que des pouvoirs) indispensables pour l'accomplissement de ces devoirs.

L'article 4 distingue les attributions de la commune en : 1° propres et 2° déléguées. Par l'expression d'attributions propres (*selbständige*) on ne veut pas résoudre une question théorique sur l'étendue naturelle, originelle ou nécessaire des pouvoirs municipaux, mais seulement constater un fait : la loi reconnaît, en ces matières, l'initiative et une certaine autonomie des communes ; au fond ces « attributions propres » du numéro 1 constituent une *délégation générale* qui ne confère nullement l'autonomie, puisque le Gouvernement conserve son droit de surveillance ou d'intervention, tandis que le numéro 2 se borne à tenir la porte ouverte aux délégations spéciales. Les « attributions propres » des communes sont énumérées à l'article 5.

Traduisons-en le premier paragraphe : « Le cercle d'activité *propre* est celui à l'intérieur duquel les communes peuvent, en se conformant aux lois en vigueur, régler et décider les affaires ; il embrasse tous les intérêts particuliers des communes, et tout ce qui peut être exécuté par la commune sur son propre territoire avec ses propres forces. » La loi tente ensuite une énumération qui n'a pas l'intention d'être limitative, car elle est précédée de «notamment» (*insbesondere*) : 1° libre administration de la fortune et des affaires communales ; 2° sécurité de la personne et des propriétés ; 3° entretien et police des voies publiques ; 4° police des marchés, des subsistances, des poids et mesures ; 5° hygiène publique ; 6° règlements relatifs aux domestiques et aux ouvriers ; 7° police des mœurs ; 8° assistance publique ; 9° surveillance des constructions, mesures contre l'incendie; 10° instruction primaire élémentaire et primaire supérieure; 11° arbitrage en cas de contestation; 12° vente aux enchères volontaires d'objets mobiliers. L'article 5 ajoute que des lois spéciales pourront retirer la police locale aux agents de la commune et en conférer les attributions à des fonctionnaires de l'État. Les « attributions déléguées » ne sont pas énumérées dans la loi de 1862, l'article 6 se borne à renvoyer à la législation en général, c'est-à-dire que les fonctionnaires spéciaux sont seuls à les connaître : il faudrait parcourir l'ensemble du *Bulletin des lois* pour trouver les quelques dispositions auxquelles on fait ici allusion, c'est un de ces procédés comme on en trouve ailleurs, où le législateur se décharge de sa besogne sur le citoyen qui est toujours *censé* connaître la loi.

L'article 8 dit que chaque commune aura une « représentation », laquelle se divisera en un chef, *Vorstand,* et une commission élue, *Ausschuss.* Le mot *Vorstand,* qui se trouve aussi dans les lois allemandes, n'a pas d'équivalent français, car il indique aussi bien un chef individuel qu'un chef collectif, c'est une autorité dirigeante: le maire seul est *Vorstand*, le bourgmestre et les échevins réunis forment *Vorstand*, tout comme le *magistrat*, l'*ouprava*, la *giunta*, etc. Le mot *Ausschuss* et les différents termes employés dans les lois provinciales peuvent être traduits par conseil municipal. L'article 8 ajoute: « Les lois spéciales (provinciales) déterminent si et quand des membres de la commune peuvent faire partie du conseil municipal sans avoir été élus, et s'ils peuvent s'y faire représenter. » Cette disposition a pour but d'assurer la représentation des plus fort imposés. Le mode d'application est très-différent selon les provinces.

Le conseil municipal est élu partout. Le droit électoral est attaché à la qualité d'Autrichien, chef de famille ou d'établissement, domicilié depuis au moins un an et payant des impôts directs (Constitution de décembre 1867). Dans quelques provinces, le minimum de l'impôt est fixé à 1 florin (2 fr. 50 c.), dans d'autres à 2 florins. Les « capacités » n'ont pas besoin de payer un impôt pour être électeurs. En principe, le droit électoral doit être exercé en personne, mais les femmes auxquelles leurs propriétés confèrent le droit électoral, les officiers en activité de service, ne peuvent voter qu'en donnant procuration; les absents en mission communale, ainsi que les propriétaires d'un bien situé sur le territoire de la commune, mais qu'ils n'habitent pas, peuvent aussi faire voter par un représentant.

Les électeurs sont divisés en trois colléges ou corps électoraux, comme en Prusse, en Russie, etc. (voyez p. 128) : les plus imposés forment l'un, les moins imposés, le second, les peu imposés, le troisième collége ou « corps électoral ». Chaque collége représente ainsi le tiers de l'impôt. Dans les petites communes, on se borne à former deux colléges, dont chacun représente la moitié de l'impôt.

Le nombre des membres du conseil municipal est proportionnel à la population. Ni les membres suppléants, ni les « plus imposés » qui sont membres de droit du conseil, ne sont compris dans les nombres réglementaires.

Le *Vorstand* est élu par le conseil municipal et en fait partie; il se compose au moins d'un bourgmestre et de deux conseillers (échevins). Le nombre des échevins (nous choisissons ce mot pour plus de clarté) est fixé par le conseil, mais ne peut pas dépasser le tiers de ses membres.

Nous venons d'analyser surtout les lois spéciales, car la loi générale renferme beaucoup de dispositions qui doivent nécessairement trouver leur place dans la loi, mais que précisément pour cette raison nous n'avons pas besoin de relever. Ainsi, il va sans dire qu'il y a des cas d'indignité qui excluent du corps électoral (Loi de 1862, art. 9 et 10); il va sans dire aussi que (art. 12) le conseil municipal décide et contrôle et que les bourgmestre et échevins exécutent ou administrent. Les administrateurs sont responsables (art. 13). Les séances du conseil sont publiques, ses comptes des dépenses doivent être rendus accessibles à l'examen de tous.

Les articles 15 et 21 sont relatifs aux matières financières, et nous forcent à parcourir de nouveau les législations des « États de la couronne », c'est-à-dire provinciales. Le budget est voté par le conseil municipal et les revenus patrimoniaux servent, en première ligne, à couvrir les dépenses. Quand ces revenus ne suffisent pas, le conseil municipal vote des impositions communales sous la forme de centimes additionnels, soit aux contributions directes, soit au droit de consommation — dans ce cas, en évitant de nuire à la production, ni au commerce. — Le conseil peut aussi voter des taxes à titre de rétribution pour service rendu (droit de stationnement, de marché, etc.), et d'autres impositions qui n'entrent pas dans la catégorie des centimes additionnels, ainsi que des prestations en nature.

Le conseil ne peut voter qu'une somme déterminée de centimes; pour en voter davantage, il faut une autorisation. La limite diffère selon les provinces : en Bohême et en Moravie, elle est de 10 pour les impôts directs et de 15 pour les contributions indirectes ; dans la Bukovine, elle est de 50 et de 75 centimes ; dans la Galicie, de 10 et de 20. Dans d'autres provinces, la proportion est retournée ; le conseil peut imposer plus fortement les contributions directes. Dans la Basse-Autriche, par exemple, la limite est de 20 centimes pour les directes et de 10 pour les indirectes; dans le Tyrol et le Vorarlberg, 150 pour les contributions directes et 15 seulement pour les contributions indirectes. Ailleurs, la limite est la même pour les deux sortes de contributions. L'autorisation est donnée par le conseil du district (conseil d'arrondissement). Souvent même il y a deux limites, et la plus élevée ne peut être dépassée qu'en vertu d'une loi locale.

Des impositions d'une forme nouvelle ne peuvent être établies qu'en vertu d'une loi provinciale (*Landesgesetz*).

L'article 16 de la loi générale de 1862 réserve à l'État son droit de surveillance. C'est le préfet ou le fonctionnaire équivalent qui exerce ce droit. Il peut intervenir chaque fois qu'une loi est transgressée ou que l'autorité communale s'est rendue coupable d'un excès de pouvoir. Il a toujours le droit de demander des éclaircissements et de se faire envoyer les dossiers.

L'aliénation d'une propriété communale, les

emprunts dont le montant dépasse le revenu d'une année, ont besoin d'une autorisation du préfet.

Relativement aux impositions d'office, la plupart des provinces ont une disposition conçue à peu près ainsi : Si un conseil municipal omet ou refuse de remplir une des obligations de la commune, l'autorité politique (le préfet ou gouverneur) prend les mesures nécessaires aux frais et aux risques de la commune intéressée. Si la faute en est au bourgmestre, il peut être puni. Le Gouvernement peut dissoudre un conseil municipal, mais des élections doivent suivre dans les six semaines (Loi gén. de 1862, art. 16).

Les bourgmestres, dans les villes et communes ordinaires, n'ont pas besoin d'être confirmés ; mais les villes (les capitales et les villes balnéaires) qui ont reçu un statut particulier en vertu d'une loi provinciale, doivent présenter l'élection de leur bourgmestre à l'approbation impériale.

Ajoutons que, comme la Russie, la Prusse, la Belgique, l'Italie et autres pays — parmi lesquels il ne faut pas oublier la France, — l'Autriche fait exercer une partie de la tutelle administrative des communes par les représentants des districts.

2° Hongrie.

La législation communale de la Hongrie repose sur la loi XVIII de l'année 1871 (1).

Chaque citoyen doit faire partie d'une commune. Pour être électeur, il faut être âgé de vingt ans au moins et figurer depuis deux ans au rôle des contributions directes. Les établissements publics, sociétés et institutions, etc., qui ont des propriétés dans la commune et y paient l'impôt, jouissent du droit électoral. Chaque citoyen peut s'établir dans n'importe quelle commune; lorsque celle-ci possède assez de propriétés pour que les revenus de ses biens suffisent à couvrir toutes les dépenses, elle peut imposer au nouveau venu une légère taxe à titre de droit d'entrée.

Les communes ont un conseil municipal dont la moitié est élue pour six ans et se renouvelle

(1) Au lieu de donner la date des lois, on les numérote chaque année, mais en chiffres romains.

partiellement tous les trois ans. L'autre moitié se compose des plus imposés. Le conseil est présidé par le maire, qui s'appelle bourgmestre ou juge. On distingue les villes, les grandes et les petites communes. Les villes ont un comité exécutif, dit magistrat, dont le bourgmestre fait partie; les grandes communes, c'est-à-dire celles qui peuvent se soutenir toutes seules et remplir toutes leurs obligations municipales, ont également un comité exécutif, composé du bourgmestre ou juge et d'un adjoint, de quatre conseillers (échevins) au moins, d'un trésorier, d'un secrétaire (notaire), d'un tuteur des orphelins et d'un médecin ; les communes plus petites n'ont qu'un *juge* (maire), un adjoint et un secrétaire. Enfin les communes hors d'état d'entretenir seul un état-major municipal et de remplir les autres obligations communales se réunissent pour ce but à des communes voisines.

La commune administre elle-même ses affaires. Le conseil municipal délibère et le bourgmestre ou magistrat exécute. Les pouvoirs municipaux s'étendent sur l'administration de la fortune communale, sur les impositions, sur les écoles et autres établissements publics, sur l'assistance publique et la police de sûreté. Les magistrats ont en outre la police des marchés, la police sanitaire, etc. Toutes les communes sont chargées de l'entretien de la voie publique.

Les décisions de l'autorité communale sont soumises à l'approbation de ce qu'on peut appeler le préfet (les *juridictions*) lorsqu'elles concernent les centimes additionnels, l'augmentation ou la diminution de la fortune communale, des baux de plus de six ans, des emprunts, la création ou la suppression de fonctions, des contrats non prévus au budget, des travaux publics, des monuments historiques, et autres matières dont la loi a prévu la nécessité de l'approbation. D'ailleurs tout membre de la commune peut réclamer auprès du préfet contre une décision du conseil municipal, et, au besoin, en appeler au ministre de l'intérieur.

Nous ne nous servons ici du terme de préfet que par analogie; nous avons expliqué, dans notre *Dictionnaire d'administration,* au mot *Département* (administration comparée), l'organisation et le fonctionnement des comitats. La ville de Bude-Pesth a un statut particulier, de même les villes royales, qui forment à elles seules un comitat.

CHAPITRE V

SUÈDE.

La loi de 1862, amendée par une loi de 1869, a réorganisé l'administration communale. Elle a séparé les affaires religieuses des affaires civiles en constituant une assemblée spéciale pour le culte, *Kyrkostämma,* et une autre pour les matières communales proprement dites, *Kommunalstämma.* Cette distinction, qui se retrouve aussi en Allemagne, est surtout prononcée en Suisse, où elle se complique et où nous l'expliquerons en quelques mots.

L'organisation des communes rurales est très-simple. Au-dessous de 3,000 habitants, c'est l'assemblée communale qui délibère, c'est un comité exécutif de 3 à 11 membres (*Kommunalnämnd*) qui administre. Dans les communes plus grandes, on nomme un conseil municipal de vingt membres et au delà, selon le chiffre de la population, et ce conseil choisit dans son sein un comité exécutif. Dans les villes, le comité exécutif s'appelle magistrat et se compose du bourgmestre et d'un nombre de conseillers qui ne peut pas dépasser le tiers du nombre total des conseillers municipaux. Les conseillers municipaux sont élus pour quatre ans, et c'est pour la même période que le comité exécutif est nommé.

Les conditions de l'électorat comprennent l'obligation de payer un impôt. Le nombre de voix est même proportionnel au montant des contributions auxquelles on est assujetti. La loi de 1862 accordait autant de voix que l'habitant payait d'unités d'impôt (1), sans restriction, et il arrivait quelquefois qu'un seul habitant avait à lui seul plus de voix que tous les autres électeurs réunis. C'était pousser le principe à l'extrême; aussi la loi de 1869 réduit-elle à cent voix au maximum le nombre qu'un contribuable

(1) Ou plus exactement, l'unité était d'une voix par 100 rixdalers (140 fr.) de revenu imposable.

puisse réunir, mais seulement lorsque le nombre total des voix atteint 5,000, car le même électeur ne peut en aucun cas disposer de plus du cinquantième de l'ensemble des voix. Les sociétés, etc., payant l'impôt ont également droit au vote.

Le bourgmestre des villes est nommé par le roi, sur une liste de trois candidats présentés par le conseil municipal.

La commune administre ses affaires assez librement, elle ne peut aliéner des biens ni contracter des emprunts amortissables en plus de deux ans; diverses autres décisions ont encore besoin de l'approbation du Gouvernement. Les matières financières, ainsi que l'administration des propriétés, sont d'ailleurs confiées à un comité spécial, également élu par le conseil municipal, c'est la « chambre des finances » (*Drätsel Kammare*). Les écoles étant dans les attributions de la commune religieuse, les principales attributions du bourgmestre se rapportent à la police et à la voirie; il exécute d'ailleurs l'ensemble des décisions du conseil.

La tutelle administrative est en partie entre

les mains de l'État, et en partie entre celles d'un corps élu, analogue au conseil général en France.

CHAPITRE VI

DANEMARK.

La distinction entre les villes et les campagnes est assez fortement prononcée dans la législation communale danoise. L'administration des villes de province a été réglée par la loi du 26 mai 1868 (il y a pour Copenhague une loi spéciale du 4 mars 1857). Le droit électoral se rattache à la qualité de Danois, qui doit être âgé de 25 ans, domicilié depuis au moins un an dans la commune et payer ses contributions.

L'élection du conseil municipal a lieu d'après les bases suivantes : on forme deux colléges électoraux, l'un composé des électeurs payant les deux tiers de l'impôt — mais qui ne doivent pas compter moins du cinquième du nombre total des électeurs, — l'autre de ceux qui paient le troisième tiers. Ce second collége élit la moitié plus un des membres du conseil municipal, et l'autre collége élit la petite moitié du conseil. Le conseil municipal est toujours composé d'un nombre impair de membres (de 7 à 19).

Le pouvoir exécutif des villes est confié à un bourgmestre nommé par le roi ; à Copenhague, le bourgmestre, qui est également nommé par le roi, est secondé par un comité dit magistrat. Dans la capitale et les cinq plus grandes villes, la police est administrée par un fonctionnaire de l'État nommé par le ministre de la justice. La dépense causée par la police est cependant en partie à la charge de la commune.

La commune urbaine s'administre elle-même, la Constitution de 1849 lui ayant promis l'autonomie. Mais l'État n'a pas renoncé pour cela à son droit de tutelle. Ainsi la commune ne peut pas s'imposer plus d'un cinquième en sus de la moyenne des trois dernières années sans une autorisation du ministère de l'intérieur; aussi le budget annuel doit-il être approuvé. Aucune propriété communale ne peut être aliénée sans l'assentiment du Gouvernement.

La commune rurale est régie par la loi du 6 juillet 2867, mais les principes sont les mêmes que dans la ville : l'élection du conseil, qui est composé de 5 à 9 membres, se fait en deux colléges, et les pouvoirs de la représentation communale rencontrent les mêmes limites dans la loi ; seulement le maire des villages n'est pas nommé par le roi, il est simplement élu par le conseil, et ce n'est pas le ministre de l'intérieur, mais la commission départementale qui est chargée de la majeure partie de la tutelle. Cette commission révise aussi les comptes.

Les attributions des communes embrassent, outre les recettes et dépenses et l'administration des biens, les chemins, les écoles, l'assistance publique, l'hygiène publique, la police, en un mot, toutes les attributions naturelles, propres ou déléguées, qu'ont les communes dans presque tous les pays.

CHAPITRE VII

PAYS-BAS.

La loi du 29 juin 1851 s'applique à la fois aux villes et aux villages, les communes ne se distinguant plus que par le chiffre de leur population. Ce chiffre a une influence, non-seulement sur le nombre des conseillers municipaux, qui est de 7 dans les communes de moins de 3,000 habitants et qui s'élève graduellement jusqu'au maximum de 39 pour les communes de plus de 100,000 habitants, mais encore sur le bourgmestre. Ce dernier est toujours nommé par le roi (art. 59 de la loi de 1851) pour six ans, et il peut toujours être révoqué par le chef de l'État (art. 60); mais dans les petites localités le bourgmestre peut cumuler avec cette fonction celle de secrétaire de la commune, dans d'autres communes le receveur est en même temps secrétaire, mais dans les grandes communes, le cumul n'a pas lieu. Les fonctionnaires communaux et même les membres du conseil municipal prêtent serment à la Constitution (la formule se trouve à l'article 39 de la loi).

Le bourgmestre est assisté de 2 à 4 échevins (*wethouders*), selon que la commune a moins ou plus de 20,000 habitants. Les échevins sont nommés pour six ans par les conseillers municipaux et choisis dans le sein du conseil. Les membres du conseil sont également élus pour six ans et se renouvellent, par tiers, tous les deux ans.

Est électeur tout Néerlandais majeur, habitant la commune depuis un an et payant un impôt au moins égal au cens de l'électorat politique.

La loi règle minutieusement dans ses 294 articles avec de nombreuses subdivisions les droits et les devoirs du bourgmestre, des échevins, du conseil; mais comme la législation hollandaise ne diffère pas bien sensiblement de celle de la Belgique, nous nous bornerons à dire que la plus grande partie de la tutelle est confiée au conseil général (*gedeputeerde staten*), avec faculté d'appel au roi. Nous nous bornons à indiquer, d'après les articles 194 et suivants, les points principaux qui doivent être soumis à l'approbation du conseil général : les emprunts, les garanties d'intérêts et le taux d'amortissement ; la vente, l'achat, etc., d'immeubles, de rentes sur l'État et d'autres valeurs ; l'acceptation de legs et donations faites à la commune ; l'amodiation à l'amiable de biens communaux ; les entreprises de travaux publics ; les procès. Les comptes sont également revus par ce conseil, qui intervient aussi dans des cas spéciaux. Dans des matières d'intérêt public, l'intervention du commissaire du roi (préfet) remplace celle du conseil général. D'ailleurs, si le bourgmestre est chargé de la police administrative, il y a aussi des commissaires de police nommés par le roi (art. 190).

Malgré les restrictions que nous venons d'indiquer, les pouvoirs des conseils municipaux sont très-étendus, car aucune mesure d'administration communale quelque peu importante ne peut être prise sans le consentement du conseil.

CHAPITRE VIII

BELGIQUE.

La Belgique a longtemps été considérée comme le pays qui possède l'organisation communale la plus libérale du continent européen; sa législation a souvent été citée comme modèle, plusieurs pays l'ont imitée et peut-être dépassée, du moins dans quelques détails; par ces raisons nous croyons devoir donner quelques développements à ce chapitre. La législation communale belge est fondée sur les articles 3, 31, 108, 110, 129, 137 et 139 de la Constitution; elle est formulée dans la loi du 3 mai 1836, amendée par les lois des 30 juin 1842, 1er et 31 mars, 13 avril, 1er et 20 mai 1848, 12 juin 1871. Ajoutons que la loi du 31 mars 1874 est censée avoir supprimé la différence entre les villes et les communes rurales, mais elle s'est bornée à rayer les mots *villes* et *rurales* en maintenant le mot commune. Il n'y en a pas moins une différence entre les communes de *plus* ou de *moins* de 5,000 âmes.

Le corps municipal se compose : d'un conseil municipal élu par l'assemblée des électeurs, du bourgmestre et des échevins. Le roi nomme le bourgmestre — au besoin hors du conseil, mais parmi les électeurs de la commune (Loi de 1848); — les échevins sont également nommés par le roi, mais pris parmi les membres du conseil (Loi de 1836, art. 1 et 2). Il y a 2 échevins dans les communes de moins, et 4 dans celles de plus de 20,000 habitants. Le bourgmestre est le président du corps des échevins (art. 3). Le nombre des conseillers est de 7 dans les communes de moins de 1,000 habitants, et le nombre s'accroît, proportionnellement à la population, jusqu'à 31 pour 70,000 âmes et au-dessus (art. 4). La durée des fonctions de bourgmestre, échevin et conseiller est de six ans, mais le conseil municipal se renouvelle par moitié tous les trois ans.

Le droit électoral est attaché à un cens qui, selon la loi de 1848, était pour les plus petites communes de 15 francs (et même de moins, s'il n'y avait pas 25 électeurs, art. 9), et de 42 fr. 32 c. pour les communes de plus de

15,000 âmes. La loi du 12 juin 1871 a réduit le cens communal uniformément à 10 fr., et le cens provincial à 20 francs. Les impôts de la femme profitent au mari, ceux de la veuve à un de ses enfants, et le fermier peut compter en sa faveur le tiers de la contribution due par la propriété, sans diminution des droits du propriétaire (art. 8).

Les attributions du conseil municipal sont très-étendues. Le conseil règle tout ce qui est d'intérêt communal; il délibère sur tout autre objet qui lui est soumis par l'autorité supérieure (L. 1836, art. 75). « Néanmoins, sont soumis à l'avis de la députation permanente [1] du conseil provincial et à l'approbation du roi les délibérations du conseil sur les objets suivants » (nous résumons) :

1° Aliénations, échanges, etc., de biens communaux, baux emphytéotiques, emprunts, constitution d'hypothèques (lorsque la valeur n'excède pas 1,000 francs, ou le dixième du

(1) Cette députation est l'équivalent de notre commission départementale et en même temps du conseil de préfecture; les membres en sont rétribués (4,000 fr., depuis la loi du 26 mars 1874; antérieurement, 3,000 fr.)..

budget [à moins que ce dixième ne dépasse 20,000 francs], l'autorisation de la députation est suffisante);

2° Les péages et droits de passage;

3° L'acceptation des dons et legs d'une valeur de plus de 3,000 francs (pour les sommes moindres, l'approbation de la députation suffit);

4° Il en est de même pour les demandes en acquisition des immeubles ou droits immobiliers;

5° « L'établissement, le changement ou la suppression d'impositions communales et des règlements y relatifs »;

6° Le changement de mode de jouissance de biens communaux;

7° La fixation de grande voirie, les plans généraux d'alignement des villes, l'ouverture et l'élargissement des rues;

8° La démolition ou les réparations à faire à des monuments antiques (art. 76).

Toutes les matières qui précèdent ont besoin de l'approbation du roi. Pour les matières suivantes, énumérées par l'article 77, dont nous résumons la rédaction, les délibérations des conseils municipaux n'ont besoin d'être approuvées que par la députation provinciale :

1° Les actions à intenter ou à soutenir;

2° Le mode de jouissance du pâturage, de l'affouage et des fruits communaux, lorsqu'il y a réclamation;

3° Les ventes, échanges et transactions qui ont pour objet des créances, obligations et actions;

4° Les règlements relatifs au parcours et à la vaine pâture;

5° Les règlements ou tarifs relatifs à la perception du prix des places dans les halles, foires, marchés, abattoirs, sur la voie publique, ainsi que des droits de pesage et mesurage;

6° La reconnaissance et l'ouverture de chemins vicinaux (l'expropriation réservée);

7° Les projets de construction, grosses réparations et de démolitions d'édifices communaux;

8° « Les budgets des dépenses communales et les moyens d'y pourvoir »;

9° Le compte annuel des recettes et dépenses;

10° Les règlements organiques des administrations de mont-de-piété.

Le conseil fait les règlements d'administration intérieure et de police, qui ne peuvent naturellement être contraires aux lois, et il en transmet, dans les 48 heures, des expéditions à la députation provinciale (art. 78). Les budgets et comptes des administrations hospitalières sont soumis à l'approbation du conseil municipal; en cas de réclamation, la députation provinciale statue (art. 79). Le conseil nomme les répartiteurs des contributions (art. 80); il arrête les conditions de fermage, d'usage, d'adjudication, etc. (art. 81); il nomme à certains emplois communaux (art. 84 amendé par la loi du 3 juin 1859), avec pouvoir de révoquer les personnes qu'il a nommées (art. 85).

« Lorsqu'une commune a pris une résolution qui sort de ses attributions ou qui blesse l'intérêt général, le gouverneur (préfet) peut en suspendre l'exécution. Dans ce cas, la députation du conseil provincial décide si la suspension peut être maintenue, sauf l'appel au roi, soit par le gouverneur (si la députation ne la maintient pas), soit par le conseil municipal (si la députation approuve la suspension). Les motifs de la suspension sont immédiatement communiqués au conseil municipal. Si l'annulation n'intervient pas dans les quarante jours à partir de la communication au conseil, la suspension est levée » (art. 86). Le roi peut prononcer, par arrêté motivé, l'annulation du vote du conseil (art. 87). Après deux avertissements, le gouverneur ou la députation peuvent envoyer, aux frais des communes, des commissaires sur les lieux pour régler d'autorité l'affaire qui a été l'objet des avertissements.

Nous devons emprunter à la loi provinciale du 30 avril 1836 (art. 132 et suivants) quelques dispositions sur les commissaires d'arrondissement, fonctionnaires qui répondent hiérarchiquement à nos sous-préfets. Les commissaires d'arrondissement sont spécialement chargés, sous la direction du gouverneur et de la députation [1], de surveiller l'administration des com-

[1] C'est avec une sagesse profonde qu'on a nommé le gouverneur président de la députation. (Loi du 30 avril 1836, art. 104.) La députation se compose de six membres élus, mais rétribués. Ce sont — pour parler notre langue administrative — des conseillers généraux devenus, par l'élection, conseillers de préfecture, sans perdre leur qualité antérieure.

munes de moins de 5,000 habitants. Ils inspectent, au moins une fois par an, dans chaque commune, les registres de l'état civil, les caisses communales, les établissements communaux; ils font des rapports à la députation sur la situation des communes, sur les irrégularités qu'ils peuvent avoir découvertes, etc.

Nous revenons à la loi communale du 30 mars 1836 pour indiquer les attributions du « collége des bourgmestres et échevins ». Ces attributions sont dans leur ensemble à peu près les mêmes que celles des maires, c'est-à-dire qu'elles sont tout aussi variées et qu'elles portent sur les mêmes objets; seulement, dans la plupart des cas où notre maire agit et surtout décide seul, sans être tenu de consulter ses adjoints, le bourgmestre forme comité avec les échevins, et le comité décide à la majorité des voix. Cela a lieu en toute matière plus spécialement communale, mais en matière de police et autres qui concernent l'État, le bourgmestre agit seul (Loi 30 juin 1842). Il en est de même dans les cas d'urgence, sauf à en référer sur-le-champ au conseil municipal et à en envoyer immédiatement copie au gouverneur. Le bourgmestre et les échevins sont rétribués. (L. 1836, art. 103.)

Nous avons dit que le bourgmestre est seul chargé de la police, mais il est secondé, dans les grandes communes, par des commissaires de police. Les commissaires de police sont nommés et révoqués par le roi. La nomination de ces magistrats a lieu sur une liste de deux candidats présentés par le conseil communal, auxquels le bourgmestre peut en ajouter un troisième. C'est la loi de 1842 qui confère ce droit au bourgmestre seul, la loi de 1836 l'avait donné au collége des bourgmestres et échevins. Les gardes champêtres sont nommés par le gouverneur, sur une liste double de candidats présentés par le conseil municipal.

La loi impose à la commune des dépenses obligatoires. Les principales d'entre ces dépenses ont été énumérées dans l'article 131 de la loi de 1836; en voici la liste:

1° L'achat des registres de l'état civil;

2° L'abonnement au *Bulletin des lois* et au *Mémorial administratif* (bulletin de la préfecture);

3° Les contributions assises sur les biens communaux;

4° Les dettes communales;

5° Les traitements des fonctionnaires et employés communaux;

6° Les frais de bureau de l'administration communale;

7° et 8° Entretien des bâtiments communaux, loyer des maisons louées pour un service communal;

9° Secours aux fabriques d'églises et aux consistoires;

10° Frais de l'instruction publique dans les limites de la loi;

11° Police de sûreté et de salubrité;

12° Dépense de la garde civique, conformément à la loi;

13° Indemnité de logement, s'il y a lieu, aux ministres des cultes;

14° Frais d'impression pour les élections, les tribunaux de commerce, la comptabilité communale;

15° Les pensions;

16° Les frais causés par les aliénés indigents,

les indigents admis aux dépôts de mendicité, etc.;

17° Les frais d'entretien et d'instruction des aveugles et des sourds-muets (avec subvention de l'État et de la province);

18° De même pour les enfants trouvés;

19° Les dépenses de la voirie communale et des chemins vicinaux, des fossés, aqueducs et des ponts qui sont légalement à la charge de la commune.

Toutes ces dépenses peuvent être inscrites d'office par la députation du conseil provincial, après avoir entendu le conseil communal (art. 163), sauf appel au roi.

Le budget des recettes aussi bien que celui des dépenses étant soumis à la députation, il s'ensuit que la commune ne peut pas créer des impositions sans autorisation. Les réclamations contre la répartition doivent être portées par le contribuable qui se croit lésé, d'abord devant le conseil municipal, et en appel auprès de la députation provinciale. C'est la députation, d'ailleurs, qui rend le rôle exécutoire. En principe, les dépenses doivent rester dans les limites budgétaires, mais dans des cas imprévus et urgents, le conseil municipal peut prendre une résolution motivée pour pourvoir à une dépense urgente; copie doit en être adressée sans délai à la députation. Du reste, dans des cas exceptionnels le collége des bourgmestres et échevins peut, sous sa responsabilité, pourvoir à la dépense.

Les communes belges, pour pouvoir ester en justice, ont besoin d'une autorisation de la députation provinciale. Le reste de la législation est presque identique à celle de la France.

CHAPITRE IX

ESPAGNE

L'Espagne a eu successivement plusieurs législations communales, dont l'étude comparative ne serait pas sans intérêt; nous venons de relire les chapitres qui s'y rapportent dans l'excellent Traité (1) de Don Manuel Colmeiro, l'un

(1) *Derecho administrativo espanol,* 2e édit. Madrid y Santiago, 1858.

des meilleurs ouvrages qui aient été écrits sur l'administration d'un pays, et nous avons ensuite étudié la loi municipale faite sous la République et promulguée le 20 août 1870. Mais comme on annonce une nouvelle loi, nous devons nous borner à indiquer en quelques traits les dispositions caractéristiques de la loi de 1870.

La commune — ou plutôt le district communal (*termino municipal*) — est le territoire sur lequel s'étend l'action administrative d'un *ayuntamiento* (corps municipal). Pour pouvoir être formé en commune, le territoire doit avoir une population d'au moins 2,000 habitants, et ces habitants doivent être en état de supporter les frais d'une municipalité. La commune peut donc se composer de plusieurs localités (*pueblos*), et si ces localités ou sections ont 60 chefs de famille, elles peuvent avoir une administration séparée pour leurs intérêts particuliers.

Chaque commune (*termino*) est administrée par un *ayuntamiento* et par une *junta municipal*. L'ayuntamiento se compose d'un alcade (maire), de *tenientes* (adjoints) et de *regidores*, terme qu'on traduit souvent par conseillers; dans la loi espagnole, tous les membres de l'ayuntamiento, l'alcade compris, sont des conseillers. L'ayuntamiento est un comité exécutif, semblable au magistrat allemand, seulement ses regidores, qu'on peut comparer aux aldermen anglais, sont bien nombreux; il y en a au moins 5, mais le nombre allant en croissant avec le chiffre de la population, on arrive au nombre de 33 pour les communes de 100,000 habitants. Autrefois, l'ayuntamiento formait seul le corps municipal, et l'alcade était nommé par le roi ou le gouverneur (préfet) sur une liste de 3 membres; actuellement il y a, outre l'ayuntamiento, un conseil municipal dit *asamblea de vocales*. Les deux corps ou assemblées réunis forment la junte municipale.

L'assemblée des *vocales* doit être au moins triple en nombre de celui des membres de l'ayuntamiento. Les *vocales* sont tirés au sort parmi les membres de colléges électoraux formés, soit par groupes d'industries, soit par groupes de contribuables; ce n'est que dans les localités où les industries sont peu variées ou peu nombreuses et où les cotes des contribuables sont peu différentes, que les colléges électoraux sont formés par divisions territoriales. On assigne aux sections ou divisions un nombre de *vocales* en proportion avec la somme de l'impôt qu'elles paient.

L'ayuntamiento est élu par les habitants établis (*vecinos*); la durée de ses fonctions est de quatre ans; il se renouvelle tous les deux ans par moitié. L'alcade est élu au scrutin secret par les membres de l'ayuntamiento. Ni l'alcade ni les conseillers ne sont rétribués.

Les attributions de l'ayuntamiento sont très-nombreuses et, avec l'aide de l'assemblée des vocales, le corps municipal jouit d'une assez grande autonomie; mais même dans cette organisation, où la théorie a joué un si grand rôle, on a dû faire la part de l'État et maintenir les droits de la surveillance.

CHAPITRE X

PORTUGAL

On doit distinguer en Portugal la commune proprement dite, ou la paroisse, du district municipal (*concelho*), qui est considéré comme la seule commune civile.

La commune ou *concelho* comprend en effet un certain nombre de paroisses qui formeraient ailleurs autant de communes distinctes. Elle occupe dans l'ordre administratif la première place après le département ou district, et elle est gouvernée par un « administrateur » nommé par le Gouvernement et chargé, sous l'autorité du gouverneur du district ou préfet, de l'exécution des lois et de la police générale. L'administrateur n'est pas rétribué par l'État; il perçoit à son profit certains droits et reçoit une allocation de la chambre municipale.

L'étendue de la commune, à laquelle la présence d'un fonctionnaire politique donne l'un des caractères d'un arrondissement français, permet d'associer, dans l'intérêt général, des ressources inégalement réparties ou trop bornées pour pouvoir être employées efficacement; mais elle accroît en même temps le rôle du comité exécutif, ou, comme on dit ici, de la chambre, qui préside à son administration. Les chambres municipales sont nommées pour deux ans et se composent de 5 membres (*vereadores*), excepté celles de Porto et de Lisbonne, qui en comptent 11 et 13; elles ont les attributions des maires de France en ce qui concerne la police locale, les écoles, les finances et les biens de la commune et les hospices; elles s'adjoignent, sous le nom de conseil, les principaux contribuables (5 à 7 *vogaes*) pour la confection du budget ou l'établissement de contributions extraordinaires. Le roi a le droit de les dissoudre; mais, en cas de dissolution, de nouvelles élections doivent avoir lieu dans le délai de trente jours. Les électeurs sont censitaires.

Chaque commune a un secrétaire rétribué, nommé à vie et confirmé par le roi.

La paroisse, qui est une subdivision de la

commune, a une junte composée de 2 ou de 4 membres et dont le curé est de droit le président. La junte n'est guère autre chose qu'un conseil de fabrique et un bureau de bienfaisance. A côté d'elle se trouve un représentant du pouvoir central, qui est le *regedor*. Choisi sur la désignation de l'administrateur par le gouverneur du district, le regedor exécute les décisions de la junte et maintient l'ordre à l'aide de constables ou sergents de police nommés comme lui pour un an, et dont les fonctions sont, comme les siennes, à peu près gratuites. La paroisse possède en outre un juge qu'on nomme le juge élu; et ce magistrat, quoique ayant une compétence très-inférieure à celle du juge de paix, dont la juridiction s'étend sur plusieurs paroisses, n'en rend pas moins de grands services en tranchant sans retard et à peu de frais les contestations auxquelles donnent lieu les transactions journalières.

Les décisions des chambres municipales ont besoin de l'approbation de la junte provinciale, le budget est soumis au gouverneur, et s'il dépasse 10 contos de reïs (le conto = 5,620 fr.), au roi.

CHAPITRE XI

ITALIE.

En Italie aussi, le pouvoir exécutif communal est confié à un comité, *giunta municipale,* qui exécute les décisions du *consiglio comunale* ou conseil communal (Loi du 20 mars 1865, art. 10 et suiv.). Ce conseil compte 80 membres dans les communes de 250,000 habitants ; 60, si la population est de 60,000 à 250,000 habitants ; 40, pour 30,000 à 60,000 ; 30, pour 10,000 à 30,000 ; 20, pour 3,000 à 10,000 ; 15, pour les communes ayant moins de 3,000 habitants. Le conseil est élu par des censitaires ; le cens est de 5 fr. au moins et s'élève avec le chiffre de la population jusqu'au maximum de 25 fr. pour les villes de 60,000 habitants et au-dessus. Mais à côté des censitaires, il y a les « capacités ». On est électeur sans payer de cens, non-seulement parce qu'on est membre de l'Académie, docteur, fonctionnaire, etc., mais parce qu'on a été décoré *per atti di corragio o di umanità* (art. 18). Les électeurs sont éligibles, sauf s'il y a incompatibilité, mais les *analfabeti* (ceux qui ne savent pas lire) ne sont ni électeurs ni éligibles (art. 26).

Le conseil communal, dont les membres sont élus pour cinq ans, nomme dans son sein la *giunta*, laquelle est renouvelée par moitié tous les ans. A la tête de ce comité est le syndic (*il sindaco*) ou maire, que l'article 97 de la loi de 1865 qualifie de « chef de l'administration communale et fonctionnaire du Gouvernement ». C'est le roi qui le nomme — pour trois ans — parmi les membres du conseil municipal et qui peut le renommer indéfiniment.

Les attributions du conseil municipal embrassent les matières financières (vote du budget, révision du compte annuel), la nomination des fonctionnaires communaux, l'administration et le mode de jouissance des biens, les actions en justice, les travaux publics et autres intérêts communaux. Les séances du conseil sont publiques.

La giunta s'occupe de préparer le budget, de

voter les règlements et de quelques autres affaires, mais c'est le syndic qui est le vrai chef de la commune ; les articles 102 et suivants en énumèrent les attributions en distinguant entre celles qu'il a comme administrateur de la commune et celles qui lui sont déléguées comme représentant du Gouvernement. Cette dernière catégorie d'attributions ou de pouvoirs comprend : la publication des lois et règlements ; la tenue des registres de l'état civil ; l'obligation de pourvoir aux besoins de la sécurité et de la salubrité publiques ; d'informer le Gouvernement de tout ce qui intéresse l'ordre public, etc.

La commune doit soumettre la plupart de ses délibérations au visa du sous-préfet ou du préfet, et dans un certain nombre de cas les décisions en sont expressément approuvées. Le préfet, en conseil de préfecture, peut annuler les délibérations des conseils qui seraient contraires aux lois ou entachées d'excès de pouvoirs. Le préfet veille aussi à ce que les communes inscrivent sur leurs budgets les dépenses obligatoires énumérées à l'article 116.

Si le préfet surveille la commune au point de vue de l'État, c'est à la députation provinciale qu'incombent spécialement les matières de tutelle; la classification de ces matières n'est peut-être pas théoriquement très-exacte, mais dans la pratique tout est transaction. C'est bien un acte de tutelle que l'autorisation d'acheter ou de vendre des propriétés, de placer des fonds, l'approbation des règlements concernant l'usage et l'administration des biens communaux, et même celle des tarifs d'impôt. Mais l'approbation des foires et marchés, pour lesquels les députations sont également compétentes, rentre plutôt dans le *self-government* provincial. Les tarifs d'impôt, les règlements de police et d'hygiène publique, etc., sont soumis au préfet.

Du reste, la loi a eu soin de poser directement certaines limites. C'est ainsi que la loi du mois de juin 1866 a limité à 50 le maximum du nombre des centimes additionnels qu'on pourra ajouter à l'impôt foncier. Une loi du mois de mai 1870 a interdit aux communes et aux provinces de faire peser des centimes additionnels sur la richesse mobilière (ou impôt sur le revenu) ; cette dernière supporte déjà 13.20 p. 100 du revenu. Mentionnons ici, à titre de curiosité, la loi d'avril 1871 qui, non-seulement a chargé les communes (comme en Angleterre et en Amérique) du recouvrement, à leurs frais, des impôts dus à l'État, mais encore les a autorisées (ainsi que les provinces, pour les provinces) à céder la perception à des receveurs qui, dans une adjudication publique, se contentent des remises les moins fortes. Les contrats avec les *esattore* sont conclus pour cinq ans.

CHAPITRE XII

SUISSE.

Une grande diversité de régimes se trouvent réunis dans cette agglomération de 25 petites républiques qu'on appelle la Suisse. Le problème communal comporte naturellement un grand nombre de solutions, mais en Suisse des causes historiques les ont variées et compliquées plus qu'ailleurs. La principale de ces causes est l'esprit d'exclusivisme étroit dont les communes avaient fait preuve jusqu'au commencement de ce siècle, dont elles cherchent, il est vrai, à se guérir depuis 1848, mais dont elles ont une grande peine à se débarrasser. Les divers cantons marchent d'un pas inégal vers le progrès. Autrefois il y avait, même pour l'habitant du même canton, de sérieuses difficultés à vaincre pour devenir membre d'une autre commune : c'était comme une naturalisation à obtenir. Pour les citoyens d'un autre canton, les difficultés étaient plus grandes encore, et pour l'étranger elles semblent avoir été insurmontables. Il y aurait long à dire sur cette intéressante matière, mais l'espace dont nous disposons étant court, nous devons condenser, comprimer même notre exposé.

Il suffit de dire que très-souvent les localités sont habitées par deux communes qui s'emboîtent pour ainsi dire : la commune des bourgeois (*Bürgergemeinde*), qui en est le noyau, et la commune des habitants (*Einwohnergemeinde*), qui l'entoure. Nous ne citons que pour mémoire les « séjournants » (*Aufenthalter*), habitants plus ou moins temporaires qui paient, mais qui ne votent pas. Il y a d'ailleurs, comme on le verra plus loin, diverses natures de communes : communes politiques, communes ecclésiastiques, scolaires, etc. Le *Bürger* (bourgeois [1]) seul jouit de tous les droits; il est *Vollbürger*, littéralement, bourgeois plénier ou effectif[2]. Ce qui le caractérise surtout, c'est sa participation à la jouissance des biens communaux ; il y a droit, même s'il habite l'étranger ; il conserve aussi son domicile de secours, malgré son absence prolongée. Il a toujours le droit électoral, le droit de vote. Les concessions faites à l'habitant — il s'agit de citoyens suisses — varient d'un canton à l'autre ; nous ne pouvons pas les passer en revue : elles s'étendent souvent jusqu'au droit de suffrage, mais d'autres fois elles s'arrêtent en deçà. Toutefois, notre époque comportant de fréquentes migrations, la commune des bourgeois tend partout à être en minorité, car Pierre ou Paul, qui est bour

(1) Le mot *Bürger* veut dire aussi citoyen, mais ici il s'agit des membres des communes.

(2) On pourrait dire aussi bourgeois actif, comme on disait, en 1789, citoyen actif.

geois à Zurich, est habitant à Berne, et *vice versâ*, il en résultera nécessairement avec le temps que toute distinction sera supprimée. Mais au lieu de rester dans les généralités, nous allons choisir quelques cantons types, dont nous analyserons les lois communales, sauf à emprunter à d'autres lois quelques particularités intéressantes.

Commençons par Zurich, la loi communale du 28 avril 1866 traitant d'à peu près toutes les variétés de communes.

Les communes de Zurich sont des communes politiques (la vraie commune administrative) ou des communes ecclésiastiques (*Kirchengemeinden*), c'est-à-dire des paroisses. Cela ne veut pas dire que telle localité est une paroisse et telle autre une commune, mais seulement qu'on les envisage à un autre point de vue, et que les limites des circonscriptions peuvent ne pas concorder.

Les paroisses (*Kirchengemeinden*) peuvent se diviser en plusieurs communautés scolaires (*Schulgenossenschaften*), et les communes politiques en communes civiles (*Civilgemeinden*) ou sections. La formation de ces corporations ou leur réunion a lieu en vertu d'une loi. Les paroisses sont chargées de l'assistance publique. Le but des communautés scolaires est indiqué par leur nom; elles sont régies par la loi sur l'instruction publique. La commune civile peut être chargée de quelques-unes des attributions de la commune politique, par exemple de la police locale, mais les unes et les autres sont soumises à l'intervention du Gouvernement dans les cas prévus par la loi.

Les habitants des communes (de toutes sortes) sont ou des bourgeois (*Bürger*) ou des gens établis (*Niedergelassene*), ou des séjournants (*Aufenthalter*). Chaque sorte de commune ou de communauté a son assemblée générale composée de bourgeois et de gens établis de nationalité suisse, mais pour l'administration des biens des pauvres, ainsi que des biens appartenant uniquement aux bourgeois, et pour conférer le droit de bourgeoisie, l'assemblée des bourgeois (*Bürgergemeinde*) est seule consultée.

Le droit de bourgeoisie complet ou effectif

s'acquiert comme la nationalité (par la naissance, le mariage, etc.), et de plus par le paiement d'un droit d'admission (art. 25 à 50), qui est (art. 40) de 25 à 800 fr. pour participer à la propriété des biens communaux, de 10 à 50 fr. pour les biens de l'Église, de 50 à 250 fr. pour les biens des pauvres, de 15 à 150 fr. pour les biens scolaires. C'est le minimum et le maximum, entre lesquels le Gouvernement fixe le chiffre afférent à chaque commune. Une série d'articles (51 à 81) expose les conditions à remplir pour jouir du droit de s'établir (*niederlassen*).

C'est l'assemblée communale — l'assemblée des chefs de famille — qui exerce les fonctions dévolues en France au conseil municipal. Nous avons déjà dit que chaque sorte de commune a son assemblée. Ces réunions ont plus de pouvoirs que nos conseils, mais elles ne sont pas souveraines, car si une assemblée refusait de prendre une décision sur une des matières de sa compétence, l'autorité supérieure se chargerait de l'exécuter aux frais de la commune.

Chaque sorte de commune a son comité exécutif, — mais nous nous bornerons à parler de la commune politique. Celle-ci a un conseil communal ([1]) dont le nombre des membres est fixé par l'assemblée communale (art. 112). L'assemblée élit le conseil pour quatre ans ; elle en élit aussi le président et le secrétaire. Le conseil, dont les membres sont rétribués, se renouvelle par moitié tous les deux ans. Le conseil a des attributions analogues à celles d'un maire ; l'espace ne nous permet pas d'en faire l'énumération (art. 123 à 146).

L'assemblée élit aussi pour quatre ans un maire qui porte le titre de *Gemeindammann*, lequel choisit un suppléant, choix qui est soumis à l'approbation du préfet (*Statthalter*). Le maire est sous les ordres du préfet ; il est son agent en matière de police et en matière judiciaire (art. 152). En cas d'urgence, le maire prend des

([1]) La Suisse abuse un peu du mot conseil, ce qui rend difficile aux étrangers de distinguer les autorités. Le gouvernement central se compose du Conseil national (Chambre des députés), du Conseil des États (Sénat), du Conseil fédéral (pouvoir exécutif). Il y a dans les cantons le Conseil d'État, le grand et le petit conseil, puis le conseil communal, le conseil de district et tous les conseils spéciaux.

mesures sous sa responsabilité, mais généralement il s'appuie sur le comité exécutif (conseil communal).

Les communes du canton de Zurich, malgré la liberté dont elles jouissent, n'en sont pas moins sous la tutelle, en partie de la loi et en partie de l'administration. Les articles 165 et suivants entrent dans des détails sur le mode de gestion des biens, sur les impositions, etc. Dans bien des cas, la commune doit obtenir l'assentiment du conseil de district, par exemple pour les travaux publics (art. 202).

La loi communale du canton de Berne est du 6 décembre 1852 et elle a été amendée par une loi du 12 septembre 1861. La distinction entre les bourgeois et les habitants est très-caractérisée dans ce canton, mais la loi de 1861 accorde aux habitants le droit électoral en toute matière qui concerne la commune politique. Pour être électeur, il faut être Suisse, majeur, d'une réputation intacte et payer des impôts. Le paiement de l'impôt est la condition importante, car des corporations, des mineurs, des femmes, même des absents, qui sont sur la liste des contribuables, ont le droit de vote, mais ne peuvent exercer ce droit que par un représentant. La commune d'habitants (*Einwohnergemeinde*), qui s'appelle à Zurich commune de gens établis et ailleurs commune locale (*Ortsgemeinde*), est la vraie commune ; les bourgeois n'y forment guère qu'un noyau privilégié.

La commune s'administre par une assemblée communale et un conseil ou comité exécutif. L'article 26 énumère les affaires qui doivent nécessairement être réglées par l'assemblée. Nous trouvons sur la liste : le choix du président, celui du conseil et du secrétaire, le budget, la création d'impôts, les travaux communaux, les acquisitions, aliénations, etc., de biens, la reddition des comptes, les actions en justice, la fondation d'églises, d'écoles, d'établissements de bienfaisance, etc.

Le conseil se compose du président et de 4 conseillers élus pour deux ans au moins et six ans au plus (art. 30). Ce conseil est chargé de l'administration et, en outre, de la police locale. Le président, les conseillers, le secrétaire prêtent serment.

L'article 48 dit : « Toutes les communes et toutes les autorités municipales sont sous la surveillance du Gouvernement ; la surveillance est exercée par les directions, le procureur général et les préfets..... » Le Gouvernement peut demander la révocation des fonctionnaires communaux qui ne remplissent pas leurs devoirs (art. 52). Le préfet a le droit et, selon le cas, le devoir d'assister aux réunions de l'assemblée, du conseil et des autres autorités communales, et au besoin d'intervenir dans l'intérêt des lois et de l'ordre (art. 53). Le président de l'assemblée communale et le président du conseil sont tenus de procurer l'exécution des prescriptions de l'autorité supérieure (art. 54). On peut en appeler d'une décision de la commune au préfet (art. 57 à 59).

Nous ne rappelons ici la commune ecclésiastique (paroisse) que pour mémoire, l'espace ne nous permettant pas les détails. Nous relevons cependant ce point, que le conseil de l'église (le bureau des marguilliers) est chargé de la censure des mœurs.

La loi communale de Genève est du 14 février 1849. Chaque commune a un conseil municipal, dont les membres sont élus pour quatre ans ; ils prêtent le serment à la Constitution et celui de s'acquitter de leurs fonctions « avec honneur, zèle et exactitude » (art. 5). A Genève, l'administration municipale est confiée à un conseil administratif (comité exécutif) composé de cinq membres élus par le conseil municipal et pris dans ce corps. Dans les autres communes, l'administration est confiée à un maire et à des adjoints. Les membres du conseil administratif, les maires et adjoints sont élus pour quatre ans et rééligibles ; le président du conseil de Genève est élu pour un an et ne peut être réélu qu'à une année d'intervalle.

La loi énumère en détail les attributions des conseils municipaux et administratifs ; ces attributions sont à peu près les mêmes que partout ailleurs, car elles sont dans la nature des choses. Ce qui est particulier à chaque État, c'est surtout l'étendue de la surveillance ou de la tutelle ; résumons donc l'article 16 : « Les délibérations des conseils municipaux sont transmises au Conseil d'État (au Gouvernement). Elles sont exécutoires de plein droit, sans qu'il soit besoin de l'autorisation ou de l'approbation du Conseil d'État, à moins qu'il ne s'agisse des objets suivants pour lesquels cette autorisation est nécessaire » : le budget annuel et le compte financier ; les aliénations, partages, etc., de biens ; baux de plus de 9 ans ; les actions en justice ; acceptation de dons et legs contenant des conditions ; ouverture et suppression de chemins et projets généraux d'alignement ; questions d'expropriation.

Ajoutons (art. 19) que le maire est chargé, « sous l'autorité du Gouvernement », de la police générale et administrative.

Ce que nous pourrions emprunter aux autres cantons nous forcerait à de fréquentes répétitions ; nous trouverions aussi des curiosités à noter. Quelques cantons, comme Appenzell (Rh. int.), n'ont pour ainsi dire qu'une commune (quelques auteurs parlent de deux). Uri se divise en deux communes de bourgeois ; ce sont de vrais districts, dont l'un compte seize communes politiques et l'autre une seule composée de quatre villages. Uri est l'un des cantons forestiers, et toute cette région, de même que les Grisons, est pleine de vestiges administratifs du passé. Il ne saurait entrer dans notre cadre de nous y arrêter. Puisque nous mentionnons les Grisons, constatons que dans quelques villages de ce canton le pouvoir exécutif est décentralisé comme dans les villages anglais et comme dans la plupart des villages américains.

CHAPITRE XIII

ÉTATS-UNIS.

L'organisation communale, aux États-Unis, semble dans une voie de transformation lente. Les premiers colons y ont naturellement importé le système anglais, et certains États, surtout ceux qui forment ce qu'on appelait autrefois *New England*, l'ont encore conservé en partie. Le pouvoir exécutif municipal y est encore décentralisé ou éparpillé, mais déjà il y a un comité exécutif, *select men* (les élus), dont les pouvoirs encore restreints embrasseront nécessairement un jour la totalité des attributions municipales. Cette extension est dans la nature humaine, comme l'idée qui pourrait venir à des Européens de reprendre le système américain simplement pour changer, bien que l'expérience ne lui soit point favorable : les *improvement commissions*, les *local boards* de l'Angleterre ont été créés pour le prouver. Nous suivrons, dans le court exposé que nous allons donner, la grande publication officielle de M. Francis Walker, en la complétant au moyen des constitutions et des lois communales que nous avons pu nous procurer.

Constatons avant tout qu'aux États-Unis on distingue aussi les villes des campagnes. Les villes (*cities*) ont un maire (*mayor*) et un conseil municipal, et, comme en Angleterre, ce conseil municipal élit des aldermen. Chaque cité a du reste sa charte (*charter*). Nous avons sous les yeux la charte de Boston; adoptée en 1822 et amendée en 1854, elle est encore en vigueur. L'administration y est composée d'un mayor, d'un conseil de 12 aldermen et d'un conseil urbain de 48 membres. Sont électeurs tous les *citizens* (habitants nationaux ou naturalisés bourgeois de la ville) âgés de 21 ans, à l'exception des pauvres et des incapables (*under guardianship*), habitant la République (de Massachussets) depuis un an, la cité même depuis au moins six mois, et payant impôt (art. 57).

Le maire (*mayor*) est élu pour un an par l'ensemble des électeurs. — Les 12 aldermen sont élus par les *citizens* au scrutin de liste (art. 19), mais pour le conseil urbain, ou municipal, chacun des douze quartiers choisit 4 membres. Les aldermen et les conseillers municipaux, élus les uns et les autres pour un an, siégent séparément, maïs les deux corps se réunissent dans des cas déterminés. Les décisions doivent successivement obtenir l'assentiment des deux corps municipaux et celui du maire, qui a un droit de veto (art. 35). Les pouvoirs sont répartis avec soin par la loi. Les aldermen, qui correspondent aux *select men* (art. 33), ont plus particulièrement charge de la police des routes (le bureau des aldermen remplit les fonctions de surveyors of highways, dit l'article 41), le conseil municipal (*city council*) plutôt les matières financières, l'administration des propriétés, etc. Il y a un bureau spécial pour les matières scolaires, il est présidé par le maire. La charte de 1822 avait prévu un bureau des pauvres spécial (art. 52), mais cette disposition a été supprimée en 1854, et l'attribution a passé aux corps municipaux.

Le législateur s'est expressément réservé le droit de modifier cette charte (art. 62). Ajoutons qu'elle ne donne qu'une faible idée, soit de l'intervention du Gouvernement (qui entretient, par exemple, un préfet de police spécial à Boston), soit de la réglementation qui émane des corps municipaux. Cette réglementation est poussée bien loin, aussi loin qu'elle peut l'être en Europe; les dispositions ne portent pas toujours sur les mêmes points, elles ne sont peut-être pas non plus toujours appliquées, mais il est certain qu'elles sont sur le papier, et que les *byelaws* du *self-government* ont une ressemblance extraordinaire avec les *règlements* plus ou moins approuvés par des préfets, gouverneurs et comités de toute dénomination.

L'organisation des villes, surtout des grandes,

diffère peu d'un État à l'autre, mais ce qu'on pourrait appeler les communes rurales présente une certaine variété. On distingue deux systèmes principaux : l'un, en vigueur dans le nord, est dit le *town* système ; l'autre, établi dans le midi, est le *county* système ; il y a ensuite un système mixte ou intermédiaire (1). Le *town*, dans l'ouest, *township*, répond à notre commune, le comté — en quelque sorte — au département (2) ; les États dans lesquels le *town system* domine, accordent à la commune la plénitude des pouvoirs municipaux, en ne réservant guère aux comtés que des attributions judiciaires. La commune élit ses fonctionnaires, règle ce qui est relatif aux chemins, à la police, à l'instruction publique, s'impose des taxes, et ses collecteurs perçoivent, avec les impositions locales, les taxes à verser dans les caisses de l'État. Il y a sur chacune de ces matières des lois spéciales auxquelles les communes ont à se conformer.

(1) *The minor political divisions of the U. S.*, *by* S. A. Galpin. Tocqueville connaissait déjà ces différences, mais il n'a guère parlé que du nord.

(2) L'assimilation est ici très-difficile, mais nous ne pouvons nous étendre sur ce point.

Les fonctionnaires, dans ces communes, sont généralement élus pour un an : ce sont le secrétaire communal, les 3 à 9 *select men* ou *élus*, des répartiteurs, des inspecteurs des pauvres, un trésorier, des surveyors de routes et chemins, des délégués scolaires, des constables, des collecteurs ou percepteurs. Les select men doivent dresser la liste électorale, établir des mesures contre les incendies, indiquer les voies vicinales à tracer, ou reconnaître comme publics les chemins existants, instituer des gardes de nuit, accorder des autorisations s'il y a lieu et s'occuper de toute affaire publique pour laquelle il n'y a pas de fonctionnaires spéciaux. Les select men sont un comité exécutif ; c'est l'assemblée communale (l'ensemble des électeurs) qui remplace le conseil municipal.

Dans ces États, le comté est une division territoriale judiciaire dont nous n'avons pas à nous occuper. Nous devons aussi passer sous silence diverses particularités relatives aux communes incomplètes (gores, grants, locations, etc.), mais nous mentionnerons que le Rhode-Island a remplacé les mots *select men* par *town council* (conseil urbain). C'est peut-être poser un jalon. L'État de New-Jersey, qui est pourtant du groupe du nord, a déjà adopté le système mixte.

Le *county system* existe dans les États du sud : Alabama, Arkansas, Californie, Delaware, Florida, Georgia, Kentucky, Louisiane, Maryland, Mississipi, Nebraska, Nevada, Oregon, Tennessee, Texas. Les deux Caroline et les deux Virginie tendent à développer un système mixte. Prenons l'Alabama comme type. Ses fonctionnaires, élus pour trois ans, sont des commissaires, des répartiteurs, un trésorier, un receveur, un surintendant des écoles, des agents voyers. La cour des commissaires administre le comté..... Nous ne pouvons pas, comme par exemple M. Galpin, confondre ces comtés avec une commune, et d'autant moins qu'ils renferment des *municipal corporations*. Une loi de cet État dispose que des localités ayant 100 habitants au moins et 3,000 au plus [il faut une loi pour les autres (1)], peuvent être incorporées par le juge of probate du comté et recevoir les pouvoirs d'une municipalité. En cette qualité, la

(1) Le chiffre de la population requise diffère selon les États.

localité est administrée par un intendant (maire) et 5 à 9 conseillers. Les impositions municipales sont limitées à 1 p. 100 du revenu cadastral, et de plus à un droit électoral (*poll-tax*) de 2 dollars par tête. Du reste, la plupart des towns de l'Alabama ont des chartes spéciales comme ailleurs les cités, et comme ces dernières, elles possèdent les droits que le législateur a jugé bon de leur conférer. En dehors des villes, towns ou cités, les citoyens habitants du comté n'ont pas une vie municipale très-active; ils ne se réunissent que pour élire et laissent faire leurs élus, tandis que dans les towns il y a de fréquents meeting où l'on discute les intérêts communs.

Dans le système mixte (*compromise system*), auquel appartiennent, outre New-York et Pensylvanie, un grand nombre d'États du centre et du sud, Michigan, Indiana, Ohio, Virginia, etc., les communes ont les pouvoirs municipaux dans toute leur étendue, mais leurs décisions doivent souvent être approuvées par le canton. Dans l'Illinois, une partie des comtés est organisée d'après le *town* (ici on dit *township*) *system,* d'autres d'après une combinaison mixte; mais ici nous ne trouvons pas, du moins dans la loi de 1872, la tutelle attribuée au comté: le législateur a restreint directement le pouvoir de l'autorité municipale et l'a spécifié en détail, notamment pour les matières financières.

Dans l'État de New-York, le comté est divisé en towns ou communes territoriales. Ces communes administrent leurs propres affaires, fondent leurs écoles, entretiennent leurs chemins, etc., mais les autorités du comté (*supervisors*) doivent approuver tous les votes financiers, ils peuvent imposer d'office les dépenses obligatoires (par exemple le paiement d'une dette). Ces autorités peuvent même changer les limites d'un town, ce qui, dans le nord, exige le concours du législateur (voyez plus haut). Dans les comtés de New-York il y a aussi des corporations municipales dites *villages*. Les villages sont des fractions de town incorporées, c'est-à-dire des sections auxquelles il est accordé une certaine indépendance. Les villages ont un président, trois *trustees* (membres du comité d'exécution, ce sont des conseillers ou select men), des répartiteurs, un percepteur, un secrétaire, des gardiens chargés des mesures contre l'incendie. Les trustees représentent le village, font tous actes d'autorité, formulent les règlements (byelaws) de police sanitaire et autres. Les villages ne cessent pas de faire partie de leur town en matière d'élection et de taxation, ils ne sont pas représentés séparément dans la commission administrative (board) du comté. Les cités sont incorporées par une loi (une charte) et cessent de faire partie d'un town ou d'un township; elles sont représentées dans la commission.

Il y aurait encore de nombreuses particularités à relever, par exemple la différence de « grade » établie par l'Ohio (loi de 1869) entre les communes de plus de 20,000 habitants (cités de 1re classe), de 5,000 à 20,000 habitants (cités de 2e classe) et de 500 à 5,000 habitants (villages incorporés), et beaucoup d'autres, mais nous devons nous borner à de rapides aperçus. En tout cas, on aura remarqué que si les communes jouissent d'une grande liberté aux États-Unis, elles ne sont nullement autonomes. Les limites de leurs pouvoirs sont fixées par les lois : elles ne peuvent pas s'imposer au delà d'un maximum déterminé, ni contracter des dettes à volonté, et très-souvent la loi prescrit les procédés à suivre. Cela n'est certes pas l'autonomie.

Le système américain est-il préférable au système européen ? Personne ne le sait et ne saurait le savoir avant d'avoir vécu dix ans sous chacun de ces deux régimes ; encore le tempérament de l'individu influera-t-il sur son jugement. Un point semble acquis, c'est que le système européen — nous parlons du continent — est moins cher et n'assure pas moins aux populations tous les bienfaits d'une bonne administration communale.

TROISIÈME PARTIE

BUDGETS COMMUNAUX

Nous voudrions donner un rapide aperçu des budgets communaux de quelques États étrangers. Il n'entre pas dans nos vues de donner un travail complet, nous désirons seulement offrir le moyen de faire quelques comparaisons utiles sur les sources auxquelles les communes puisent leurs revenus.

Nous reproduisons d'abord, à titre de point de départ pour ces comparaisons, le *compte* des recettes et des dépenses de Paris pour l'année 1874, c'est le plus récent qui existe. On sait que le compte indique les opérations réellement faites, tandis que le budget n'est qu'une prévision de ce qui aura probablement lieu, mais la nomenclature est la même, et c'est là l'essentiel pour nous.

COMPTE DE L'ANNÉE 1874.

Recettes ordinaires.

Centimes communaux ; impositions ; taxe sur les chiens	16,392,062 89
Produit des amendes et des permis de chasse ; intérêts de fonds placés au Trésor.	3,954,939 67
Droits d'octroi.	97,979,630 55
Droits d'expédition d'actes et prix de vente d'objets mobiliers.	280,848 40
Halles et marchés	12,209,749 35
Poids public et mesurage	488,063 45
Abattoirs	2,559,881 50
Entrepôts.	2,137,416 73
Produits de diverses propriétés communales	1,333,814 37
Taxes funéraires	819,748 60
Concessions de terrains dans les cimetières	1,718,001 08
Legs et donations pour des œuvres de bienfaisance.	4,169 »
Locations sur la voie publique . . .	662,150 47
Voitures publiques	3,601,106 49
Droits de voirie	271,224 48
Vente de matériaux et cession de parties retranchées de la voie publique.	377,690 93
Contributions pour travaux divers et pour l'éclairage	6,331,143 53
A reporter. . . .	151,081,641 48

	Francs.	
Report. . .	151,081,641	49
Contribution de l'État et du département dans les frais d'entretien du pavé de Paris	3,000,000	»
Produit de la taxe du balayage . . .	2,815,000	»
Part revenant à la Ville dans les bénéfices du gaz	6,000,000	»
Établissements hydrauliques, etc. . .	7,502,984	89
Exploitation des voiries, vidanges, égouts	849,281	64
Rétributions perçues dans divers établissements scolaires ; legs et donations concernant l'instruction publique	1,777,090	71
Contribution de l'État dans les dépenses de la police municipale. . . .	6,929,425	»
Recettes diverses et imprévues . . .	1,185,172	33
Total. . .	181,180,596	06

Recettes extraordinaires.

1° Fonds généraux :

Contribution de l'État dans les frais de reconstruction des actes de l'état civil	270,717	43
Produit des ventes d'immeubles du domaine de la Ville.	1,503,144	04
Indemnité due à la Ville en exécution		
A reporter. . . .	1,773,861	47

16

	Francs.	
Report. . . .	1,773,861	47
de la loi du 21 avril 1871, sur les loyers (4e annuité)	12,544	60
Valeurs provenant de l'actif disponible de la boulangerie.	732,430	85
Total. . .	2,518,836	92
2° Fonds spéciaux:		
Portion de l'indemnité de 140 millions affectée par la délibération du 1er juillet 1873 à l'extinction en 1874 d'une partie de la dette non consolidée	3,951,976	84
Total sur fonds spéciaux. . .	3,951,976	84
Total des recettes extraordinaires .	6,470,813	76
Ensemble des recettes. . .	187,651,409	82

Dépenses ordinaires.

Dette municipale.	90,313,758	97
Charges de la Ville envers l'État. . .	3,660,685	23
Octroi	5,962,639	20
Préfecture, mairie centrale	4,155,322	54
Pensions et secours.	414,840	44
Mairies d'arrondissement	784,235	66
Frais de régie et d'exploitation du domaine de la Ville, des halles et marchés, etc	1,446,814	66
Cultes	149,990	37
Inhumations.	889,241	47
A reporter. . . .	107,777,528	54

		Francs.	
	Report. . . .	107,777,528	54
Recrutement, sapeurs-pompiers, corps de garde	. . . .	264,277	27
Contribution de la Ville dans les dépenses de la garde républicaine	. .	3,300,000	»
Travaux de Paris (personnel et matériel de la direction)	. . . .	449,759	»
Architecture et beaux-arts	. . . . .	3,899,851	68
Voirie de Paris	. . . .	3,452,224	43
Voie publique	. . . .	13,562,619	12
Promenades et plantations, éclairage, voitures, etc.	. . . .	7,079,497	24
Eaux et égouts	. . . .	6,036,832	68
Vidanges, exploitation des voiries	. .	413,063	80
Lycées, colléges, institutions spéciales		649,967	65
Instruction primaire	. . . .	8,966,741	60
Établissements de bienfaisance	. . .	13,467,797	50
Dépenses diverses	. . . .	180,827	75
Préfecture de police	. . . .	19,832,235	28
Fonds de réserve	. . . .	597,948	20
	Total . . .	189,930,171	74

Dépenses extraordinaires.

1° Fonds généraux	. . . .	5,620,109	57
2° Fonds spéciaux	. . . .	22,478,503	21
Total des dépenses extraordinaires.		28,098,612	78
	Ensemble. . . .	218,029,784	52

En ajoutant le budget supplémentaire, on trouve un total général de 252,717,865 fr.

Pour les départements on possède, il est vrai, le relèvement de 1871, mais cette année n'était pas normale; nous allons cependant en reproduire les chiffres, mais en les mettant en regard des chiffres de 1868.

	1871.	1863.
Recette communale des départements	539 millions	439 millions (1).
Id. de Paris	217 (2) —	217 —
Total. . . .	756	656
Dépenses communales des départements	520 millions	444 millions.
Paris	211 —	211 —
Total. . . .	731 —	655 —

Ces chiffres, qui comprennent les recettes ordinaires et extraordinaires, ne représentent que d'une manière approximative la situation actuelle, mais les chiffres ont ici pour nous une importance secondaire, ce sont plutôt les sources des revenus qui nous intéressent. Ces sources peuvent se classer ainsi pour 1868, *en millions de francs.*

(1) Les départements cédés défalqués.

(2) L'année 1871 n'étant pas normale, nous reproduisons le chiffre de 1868.

	Communes des départements.	Paris.	Totaux.
Impôts directs, centimes, etc. .	174	4	178
— indirects, octrois, etc. .	116	119	235
Produits de propriétés, rentes, etc	52	4	56
Aliénations d'immeubles . . .	16	2	18
Produit d'emprunts	42	39	81
Divers.	76	48	124
Total. . . .	476	216	692 (1)

Procédons de la même manière pour les dépenses ordinaires et extraordinaires de Paris et celles des communes dans les départements en 1868.

	Départements.	Paris.	Totaux.
Frais d'administration.	23	3	26
Police	25	18	43
Entretien des bâtiments. . . .	33	14	47
Frais de perception.	21	8	29
Assistance publique.	18	12	30
Cultes (y compris construction d'églises, 29 millions). . . .	37	»	37
Instruction publique (construction d'écoles, 20 millions). .	80	6	86
Chemins vicinaux	89	103	192
Intérêts d'emprunts.	44	33	77
Divers	113	6	119
Total. . . .	483	203	686

(1) Les départements cédés non défalqués.

Pour compléter l'aperçu des recettes et dépenses communales, il faut ajouter environ 200 millions pour les recettes et autant pour les dépenses départementales. C'est la réunion de fonds départementaux et communaux qui représente l'ensemble des recettes et dépenses locales. Et si, pour des comparaisons quelconques, on veut mettre en regard de ces chiffres le montant des recettes et dépenses de l'État, on doit avoir soin de ne comprendre parmi ces derniers, ni les « ressources spéciales » qui se trouvent déjà comprises dans les dépenses locales, ni les sommes inscrites « pour ordre » au budget. La France est le seul pays où les dépenses locales sont rappelées au budget, et où il arrive parfois qu'on les confonde avec celles de l'État.

Parmi les documents analogues des différents pays de l'Europe, ceux de la Grande-Bretagne ressemblent le moins possible aux nôtres.

Il faut réunir les chiffres de trois documents différents pour avoir un tableau de l'ensemble des dépenses locales du Royaume-Uni. Nous nous arrêterons surtout sur le rapport du *Local*

Government Board (1874-1875), dans lequel le savant M. Frédéric Purdy expose le mouvement de l'année finissant en août 1873. Dans ces chiffres, les comtés (départements) et les communes sont confondus.

Dans l'Angleterre proprement dite, les recettes se sont élevées à 22,957,031 l. st. de recettes ordinaires, et à 9,872,045 l. st. de recettes extraordinaires et notamment d'emprunts. Ces chiffres se subdivisent ainsi :

	RECETTES PROVENANT d'impositions et taxes.	RECETTES PROVENANT d'emprunts, etc.	Ensemble.	Montant des dépenses imputables sur ces fonds.
	—	—	—	—
1. Impôts directs (*rates*).	18,571,538	8,106,457	26.677,995	26,851,469
2. Péages et taxes (*tolls and dues*)	4,056,752	1,765,088	5,821,840	5,488,635
3. Droits d'octroi (*duties*)	328,741	500	329,241	329,801
	22,957,031	9,872,045	32,829,076	32,664,955

On voit que la spécialisation est poussée très-loin, puisqu'elle s'applique au paiement des emprunts; la rigueur des classements tend cependant un peu à se relâcher, mais lentement. La deuxième colonne indique les ressources sur lesquelles le paiement des intérêts et l'amortissement de chaque dette sont fondés. La quatrième colonne s'explique d'elle-même.

Le petit tableau que nous venons de présenter n'est qu'un résumé, chaque ligne se subdivise, mais il n'y aurait aucun intérêt à entrer dans les détails. Pour qu'on s'en fasse une idée, nous dirons que la nomenclature renferme des rubriques comme les suivantes : taxe des pauvres, taxe des comtés, taxe des bourgs, taxe des chemins, taxe de la métropole, etc., etc. De même pour les péages : péages de Londres, péages de la cité, péages des bourgs, péages des chemins, péages des ponts, des marchés, des phares, etc.

La troisième ligne seulement mérite qu'on s'y arrête. La cité de Londres (et non toute la métropole de ce nom) jouit d'un octroi qui lui a rapporté en 1872 : droit de 9 sh. par tonne de charbon, net 218,234 l.; droit de 4 sh. sur le charbon, 96,993 l. net ; droit sur le vin, 12,760 l.; sur les grains, 754 l.

Les dépenses ont été subdivisées (p. 462 et 463 du volume) de la manière suivante :

		L. st.
1. Protection de la vie et de la propriété. Ce chapitre comprend la police pour 2,471,832 l., le personnel administratif (*salary of county officers*) pour 141,094 l., l'intérêt des emprunts pour 399,880 l., l'éclairage et la garde de nuit pour 41,643 livres, l'enregistrement des naissances, décès et mariages pour 80,429 l.		3,903,241
2. Protection de la santé publique . . . Parmi les subdivisions, où les « travaux » prennent de fortes sommes, et où un chiffre de 5,355,724 est donné sous la rubrique de « dépensé par les autorités sanitaires urbaines », nous ne trouvons à signaler que: traitements de fonctionnaires municipaux, 224,589 l., intérêts et amortissements de dettes, 593,611 l., vaccination, 100,557 l.		10,741,470
3. Entretien de la viabilité par terre et par eau . . . . Les chemins absorbent 4,282,827 l., les ponts 144,037 l., les ports et le pilotage, 3,280,671 l., etc.		8,663,572
4. Conservation du sol (égouts et drainage)		247,552
5. Assistance publique (y compris les asiles d'aliénés)		8,480,819
6. Cultes (19,280 l.) et instruction . . .		235,166
7. Divers.		393,135
	Total. . . .	32,664,955

On comprend que ce tableau, dû sans doute à M. Purdy, n'est pas un budget, mais un classement rationnel des dépenses.

Le document écossais est peu détaillé, mais on trouve des détails originaux dans *Local government and Taxation*, publié par le *Cobden Club*, sous la direction de M. J. W. Probyn. (Londres, Cassell, Petter et Galpin, 1875.) Nous résumons ainsi le tableau de la page 152 :

		L. st.
Recettes communales (parochiales) *rates*.		1,105,892
Savoir: pour les pauvres . .	790,370	
— hygiène publique . .	35,522	
— instruction publique.	290,000	
Recettes des comtés (les subdivisions se rapportent à l'assiette et à la répartition)		162,636
Recettes des bourgs (villes). (Même observation)		653,164
Droits divers.		402,093
Savoir: péages sur routes. .	177,222	
— taxes pour chemins .	74,871	
— divers (évaluation) .	150,000	
Total. . . .		2,323,785

Les taxes locales de l'Irlande, les emprunts et subventions non compris, ont produit en 1872 2,905,250 l., dont 2,344,446 provenant d'impositions (*rates*), 442,796 l. de péages et de droits, 118,008 l. de propriétés. Si maintenant nous voulons connaître le montant des charges réellement supportées par les contribuables des trois royaumes, nous composerons le petit tableau suivant, qui ne comprend pas les emprunts ni le produit de propriétés :

	Impositions directes.	Péages et droits.	Ensemble.
	L. st.	L. st.	L. st.
Angleterre . .	18,571,538	4,385,493	23,957,031
Écosse. . . .	1,996,563	327,222	2,323,785
Irlande. . . .	2,344,446	442,796	2,787,242
			29,068,058

Ce sont les charges, mais les dépenses s'élèvent plus haut ; il faut ajouter pour les emprunts et autres ressources encore plus de 10 millions sterling, de sorte qu'on approche bien près de 40,000,000 livres.

Le bureau central de statistique d'Italie publie annuellement une *Statistica dei Bilanci comunali*, le plus récent donne l'année 1874. Nous trouvons d'abord les grandes divisions suivantes :

Recettes ordinaires.

	Francs.
Reliquats disponibles	23,864,477
Produits de biens patrimoniaux. . . .	38,581,418
A reporter. . . .	62,445,895

	Francs.
Report. . . .	62,445,895
Versements de concours d'autres communes	2,796,182
Autres ressources ordinaires.	10,276,610
Impositions et droits divers	115,582,766
Fonds spéciaux (*contabilita speciali*). .	13,833,572
Remboursement du Gouvernement . .	1,607,971
Total. . . .	206,542,996

Recettes extraordinaires.

Produit d'emprunts.	49,429,794
Produit d'aliénation de propriété . . .	4,469,883
Coupe extraordinaire de bois.	4,891,334
Subvention du Gouvernement pour l'instruction et les travaux publics . . .	1,929,977
Subvention de la province pour l'instruction et les travaux publics . . .	1,762,959
Autres recettes extraordinaires	13,535,398
Fonds spéciaux.	17,453,415
	93,472,760

Impositions supplémentaires.

Ensemble.	97.784,520
Total général . .	397,800,276

Les impositions et droits divers mériteraient d'être indiqués à part, mais le document italien ne donne que les suivants :

	Francs.
Taxe additionnelle (centimes communaux) sur les boissons.	124,645
Droits de mesurage et de pesage public.	2,617,429
Taxe sur les chevaux	7,849,021
— les chiens.	290,591
— les voitures, gondoles et barques (canots)	1,447,363
— la valeur locative des habitations	1,240,842
Taxe personnelle.	10,910,319
Taxe sur les domestiques	758,787
Taxe spéciale sur le commerce et l'industrie	2,935,993
Taxe scolaire	546,732
	28,721,722
L'ensemble des produits du *dazio di consumo* (octroi) pour l'année 1874, a été de.	79,375,569

Les dépenses se sont élevées, en 1874, aux chiffres ci-après :

Dépenses ordinaires.

	Francs.
Intérêt des dettes.	34,219,311
Frais d'administration.	65,850,133
Dépenses à la charge de plusieurs communes	4,056,358
Hygiène publique.	16,322,997
Sécurité publique (police)	8,803,088
A reporter. . . .	129,251,887

	Francs.
Report. . . .	129,251,887
Propreté, éclairage, autres services publ.	17,303,145
Garde nationale	1,764,616
Travaux publics	25,884,301
Instruction publique	33,655,325
Culte et cimetières	6,403,483
Assistance publique.	11,978,065
Dépenses diverses	24,859,352
Avances pour le compte de l'État . . .	182,033
Fonds spéciaux ordinaires	12,064,547
Total. . . (1)	264,346,754

Dépenses extraordinaires.

Dettes communales, amortissement, etc.	356,05,857
Frais d'administration.	2,892,204
Dépenses à la charge de plusrs communes.	669,105
Hygiène publique.	498,222
Sécurité publique.	185,264
Propreté, éclairage, etc	651,247
Garde nationale	74,361
Travaux publics	57,524,305
Instruction publique	1,814,269
Culte et cimetières	4,023,164
Dépenses diverses	14,574,811
Fonds spéciaux extraordinaires	14,977,728
Total. . . .	133,490,537
Total général des dépenses. .	387,837,291

(1) L'addition donne 263 millions, mais nous reproduisons le total du document italien, ne pouvant pas corriger l'erreur.

Un autre document, la Statistique des « bilans » provinciaux, établit l'ensemble des recettes provinciales à 82,161,000 fr., et les dépenses à la même somme.

La statistique financière des communes belges est très-complète, mais elle est un peu en retard, puisque l'*Annuaire* de 1875, qui est d'ailleurs bien fait dans son ensemble, ne donne que l'année 1870; pour les communes de 20,000 âmes et au-dessus, il renferme cependant des renseignements plus récents. Nous ne pouvons parler ici, faute d'espace, que de l'ensemble des communes (année 1870).

Recettes ordinaires.

	Francs.
Revenus patrimoniaux.	7,163,651
Revenus de fondations, etc., applicables à l'instruction publique	74,272
Versements des bureaux de bienfaisance pour les enfants pauvres.	330,007
Rétributions scolaires payées par les élèves	727,957
Subvention de la province et de l'État pour l'instruction publique.	4,230,031
Cotisations personnelles.	3,139,619
A reporter. . . .	15,665,537

	Francs.
Report. . . .	15,665,537
Centimes additionnels (ordinaires et extraordinaires)	5,876,433
Droits de quai, de place, de pesage, etc.	2,306,738
Impôts sur les maisons, etc., sur les chiens, etc., divers	3,829,712
Versements de l'État à titre de remplacement des droits d'octroi	18,988,138
Chemins vicinaux, péages, centimes spéciaux, prestations	2,515,718
Autres recettes ordinaires	2,635,228
Total. . . .	51,817,504

Recettes extraordinaires.

Reliquats	25,242,869
Ventes d'immeubles, dons et legs. . .	4,865,908
Emprunts réalisés	10,194,630
Subventions spéciales.	7,092,797
Autres recettes extraordinaires	14,260,640
Total. . . .	61,656,844
Total général des recettes. .	113,474,348

Dépenses ordinaires.

Frais d'administration.	9,973,472
Secours aux hospices et aux bureaux de bienfaisance.	2,269,501
Autres secours (aliénés, aveugles, etc.).	2,218,235
Garde civique	186,011
A reporter. . . .	14,647,219

	Francs.
Report. . . .	14,647,219
Milice.	31,718
Enseignement primaire	8,969,138
— moyen.	1,185,450
— supérieur.	431,376
Encouragement aux lettres.	716,839
Cultes : subventions aux fabriques. . .	246,082
— indemnités de logement; supplément de traitement . . .	574,358
Voirie et chemins vicinaux.	5,297,292
Entretien des quais, éclairage.	2,126,057
Frais relatifs à la salubrité.	1,025,912
Autres dépenses ordinaires.	8,226,891
Total. . . .	43,378,332

Dépenses extraordinaires.

Travaux et constructions d'utilité publique	24,896,732
Pavage et empierrement des voies vicinales.	4,208,058
Acquisitions d'immeubles, placement, amortissement.	8,430,661
Autres dépenses extraordinaires. . . .	7,013,766
Total. . . .	44,549,217
Total général des dépenses. .	87,927,549

Les recettes des provinces se sont élevées en 1870 à 9,041,000 fr., en 1873 à 9,652,000 fr., et les dépenses à 7,640,421 fr. en 1870, et à 8,421,773 fr. en 1873.

Nous ne pousserons pas plus loin ces extraits. Il n'entre pas dans notre plan d'exposer la situation financière des communes; nous ne voulions donner qu'un simple aperçu des sources de revenus et dépenses usuelles dans quelques pays étrangers. Peut-être essayerons-nous un jour de présenter une statistique complète des finances communales. Aujourd'hui, nous voulions seulement montrer qu'entre les diverses organisations communales, il y a plus de ressemblance que de différence.

APPENDICE

Nous croyons être agréable au lecteur en reproduisant les lois ci-après. Elles ne renferment pas l'ensemble de la législation communale, mais elles facilitent la comparaison de certaines dispositions fondamentales.

Loi sur l'Administration municipale.

(18 juillet 1837.)

TITRE Ier.

Des réunions, divisions et formations de Communes.

Article 1er. — Aucune réunion, division ou formation de commune ne pourra avoir lieu que conformément aux règles ci-après.

Art. 2. — Toutes les fois qu'il s'agira de réunir plusieurs communes en une seule, ou de distraire une section d'une commune, soit pour la réunir à une autre, soit pour l'ériger en commune séparée, le préfet prescrira préalablement, dans les communes intéressées, une enquête, tant sur le projet en lui-même que sur ses conditions.

Les conseils municipaux, assistés des plus imposés en nombre égal à celui de leurs membres, les conseils d'arrondissement et le conseil général donneront leur avis.

Art. 3. — Si le projet concerne une section de commune, il sera créé, pour cette section, une commission syndicale. Un arrêté du préfet déterminera le nombre des membres de la commission.

Ils seront élus par les électeurs municipaux domiciliés dans la section; et si le nombre des électeurs n'est pas double de celui des membres à élire, la commission sera composée des plus imposés de la section.

La commission nommera son président. Elle sera chargée de donner son avis sur le projet.

Art. 4. — Les réunions et distractions de communes qui modifieront la composition d'un département, d'un arrondissement ou d'un canton, ne pourront être prononcées que par une loi.

Toutes autres réunions et distractions de communes pourront être prononcées par ordonnances du Roi, en cas de consentement des conseils municipaux, délibérant avec les plus imposés, conformément à l'article 2 ci-dessus, et, à défaut de ce consentement, pour les communes qui n'ont pas trois cents habitants, sur l'avis affirmatif du conseil général du département.

Dans tous les autres cas, il ne pourra être statué que par une loi.

Art. 5. — Les habitants de la commune réunie à une autre commune conserveront la jouissance exclusive des biens dont les fruits étaient perçus en nature.

Les édifices et autres immeubles servant à usage

public deviendront propriété de la commune à laquelle sera faite la réunion.

Art. 6. — La section de commune érigée en commune séparée ou réunie à une autre commune emportera la propriété des biens qui lui appartenaient exclusivement.

Les édifices et autres immeubles servant à usage public, et situés sur son territoire, deviendront propriété de la nouvelle commune ou de la commune à laquelle sera faite la réunion.

Art. 7. — Les autres conditions de la réunion ou de la distraction seront fixées par l'acte qui la prononcera. Lorsqu'elle sera prononcée par une loi, cette fixation pourra être renvoyée à une ordonnance royale ultérieure, sauf réserve, dans tous les cas, de toutes les questions de propriété.

Art. 8. — Dans tous les cas de réunion ou de fractionnement de communes, les conseils municipaux seront dissous. Il sera procédé immédiatement à des élections nouvelles.

TITRE II.

Des attributions des Maires et des Conseils municipaux.

CHAPITRE PREMIER.

Des attributions des Maires.

Art. 9. — Le maire est chargé, sous l'autorité de l'administration supérieure :

1° De la publication et de l'exécution des lois et règlements;

2° Des fonctions spéciales qui lui sont attribuées par les lois;

3° De l'exécution des mesures de sûreté générale.

Art. 10. — Le maire est chargé, sous la surveillance de l'administration supérieure:

1° De la police municipale, de la police rurale et de la voirie municipale, et de pourvoir à l'exécution des actes de l'autorité supérieure qui y sont relatifs;

2° De la conservation et de l'administration des propriétés de la commune, et de faire en conséquence tous actes conservatoires de ses droits;

3° De la gestion des revenus, de la surveillance des établissements communaux et de la comptabilité communale;

4° De la proposition du budget et de l'ordonnancement des dépenses;

5° De la direction des travaux communaux;

6° De souscrire les marchés, de passer les baux des biens et les adjudications des travaux communaux, dans les formes établies par les lois et règlements;

7° De souscrire, dans les mêmes formes, les actes de vente, échange, partage, acceptation de dons ou legs, acquisition, transaction, lorsque ces actes ont été autorisés conformément à la présente loi;

8° De représenter la commune en justice, soit en demandant, soit en défendant.

Art. 11. — Le maire prend des arrêtés à l'effet:

1° D'ordonner les mesures locales sur les objets confiés par les lois à sa vigilance et à son autorité;

2° De publier de nouveau les lois et règlements

de police, et de rappeler les citoyens à leur observation.

Les arrêtés pris par le maire sont immédiatement adressés au sous-préfet. Le préfet peut les annuler ou en suspendre l'exécution.

Ceux de ces arrêtés qui portent règlement permanent ne seront exécutoires qu'un mois après la remise de l'ampliation constatée par les récépissés donnés par le sous-préfet.

Art. 12. — Le maire nomme à tous les emplois communaux pour lesquels la loi ne prescrit pas un mode spécial de nomination. Il suspend et révoque les titulaires de ces emplois.

Art. 13. — Le maire nomme les gardes champêtres, sauf l'approbation du conseil municipal. Ils doivent être agréés et commissionnés par le sous-préfet; ils peuvent être suspendus par le maire, mais le préfet peut seul les révoquer.

Le maire nomme également les pâtres communs, sauf l'approbation du conseil municipal. Il peut prononcer leur révocation.

Art. 14. — Le maire est chargé seul de l'administration, mais il peut déléguer une partie de ses fonctions à un ou plusieurs de ses adjoints, et, en l'absence des adjoints, à ceux des conseillers municipaux qui sont appelés à en faire les fonctions.

Art. 15. — Dans le cas où le maire refuserait ou négligerait de faire un des actes qui lui sont prescrits par la loi, le préfet, après l'en avoir requis, pourra y procéder d'office par lui-même ou par un délégué spécial.

Art. 16. — Lorsque le maire procède à une adjudication publique pour le compte de la commune, il est assisté de deux membres du conseil municipal, désignés d'avance par le conseil, ou, à défaut, appelés dans l'ordre du tableau.

Le receveur municipal est appelé à toutes les adjudications.

Toutes les difficultés qui peuvent s'élever sur les opérations préparatoires de l'adjudication sont résolues, séance tenante, par le maire et les deux conseillers assistants, à la majorité des voix, sauf le recours de droit.

CHAPITRE II.

Des attributions des Conseils municipaux.

Art. 17. — Les conseils municipaux règlent par leurs délibérations les objets suivants :

1° Le mode d'administration des biens communaux;

2° Les conditions des baux à ferme ou à loyer dont la durée n'excède pas dix-huit ans pour les biens ruraux, et neuf ans pour les autres biens;

3° Le mode de jouissance et la répartition des pâturages et fruits communaux, autres que les bois, ainsi que les conditions à imposer aux parties prenantes;

4° Les affouages, en se conformant aux lois forestières.

Art. 18. — Expédition de toute délibération sur un des objets énoncés en l'article précédent est immédiatement adressée par le maire au sous-préfet, qui en délivre ou fait délivrer récépissé. La délibération est exécutoire si, dans les trente jours qui suivent la date du récépissé, le préfet ne l'a pas annulée, soit d'office, pour violation d'une disposition de loi ou d'un règlement d'administration publique, soit sur la réclamation de toute partie intéressée.

Toutefois, le préfet peut suspendre l'exécution de la délibération pendant un autre délai de trente jours.

Art. 19. — Le conseil municipal délibère sur les objets suivants :

1° Le budget de la commune, et, en général, toutes les recettes et dépenses, soit ordinaires, soit extraordinaires;

2° Les tarifs et règlements de perception de tous les revenus communaux;

3° Les acquisitions, aliénations et échanges des propriétés communales, leur affectation aux différents services publics, et, en général, tout ce qui intéresse leur conservation et leur amélioration;

4° La délimitation ou le partage des biens indivis entre deux ou plusieurs communes ou sections de commune;

5° Les conditions des baux à ferme ou à loyer dont la durée excède dix-huit ans pour les biens ruraux, et neuf ans pour les autres biens, ainsi que celles des baux des biens pris à loyer par la commune, quelle qu'en soit la durée;

6° Les projets de constructions, de grosses réparations et de démolitions, et, en général, tous les travaux à entreprendre;

7° L'ouverture des rues et places publiques et les projets d'alignement de voirie municipale;

8° Le parcours et la vaine pâture;

9° L'acceptation des dons et legs faits à la commune et aux établissements communaux;

10° Les actions judiciaires et transactions,

Et tous les autres objets sur lesquels les lois et règlements appellent les conseils municipaux à délibérer.

Art. 20. — Les délibérations des conseils municipaux sur les objets énoncés à l'article précédent sont adressées au sous-préfet.

Elles sont exécutoires sur l'approbation du préfet, sauf les cas où l'approbation par le ministre compétent ou par ordonnance royale, est prescrite par les lois ou par les règlements d'administration publique.

Art. 21. — Le conseil municipal est toujours appelé à donner son avis sur les objets suivants :

1° Les circonscriptions relatives au culte ;

2° Les circonscriptions relatives à la distribution des secours publics;

3° Les projets d'alignement de grande voirie dans l'intérieur des villes, bourgs et villages;

4° L'acceptation des dons et legs faits aux établissements de charité et de bienfaisance;

5° Les autorisations d'emprunter, d'acquérir, d'échanger, d'aliéner, de plaider ou de transiger, demandées par les mêmes établissements et par les fabriques des églises et autres administrations proposées à l'entretien des cultes dont les ministres sont salariés par l'État;

6° Les budgets et les comptes des établissements de charité et de bienfaisance;

7° Les budgets et les comptes des fabriques et autres administrations préposées à l'entretien des cultes dont les ministres sont salariés par l'État, lorsqu'elles reçoivent des secours sur les fonds communaux;

8° Enfin tous les objets sur lesquels les conseils municipaux sont appelés par les lois et règlements à donner leur avis ou seront consultés par le préfet.

Art. 22. — Le conseil municipal réclame, s'il y a lieu, contre le contingent assigné à la commune dans l'établissement des impôts de répartition.

Art. 23. — Le conseil municipal délibère sur les comptes présentés annuellement par le maire.

Il entend, débat et arrête les comptes de deniers des receveurs, sauf règlement définitif, conformément à l'article 66 de la présente loi.

Art. 24. — Le conseil municipal peut exprimer son vœu sur tous les objets d'intérêt local.

Il ne peut faire ni publier aucune protestation, proclamation ou adresse.

Art. 25. — Dans les séances où les comptes d'administration du maire sont débattus, le conseil municipal désigne au scrutin celui de ses membres qui exerce la présidence.

Le maire peut assister à la délibération; il doit se retirer au moment où le conseil municipal va émettre son vote. Le président adresse directement la délibération au sous-préfet.

Art. 26. — Lorsque, après deux convocations successives faites par le maire, à huit jours d'intervalle et dûment constatées, les membres du conseil municipal ne se sont pas réunis en nombre suffisant, la délibération prise après la troisième convocation est valable, quel que soit le nombre des membres présents.

Art. 27. — Les délibérations des conseils municipaux se prennent à la majorité des voix. En cas de partage, la voix du président est prépondérante.

Art. 28. — Les délibérations seront inscrites, par ordre de date, sur un registre coté et paraphé par le sous-préfet. Elles seront signées par tous les membres présents à la séance, ou mention sera faite de la cause qui les aura empêchés de signer.

Art. 29. — Les séances des conseils municipaux ne sont pas publiques; leurs débats ne peuvent être publiés officiellement qu'avec l'approbation de l'autorité supérieure.

Il est voté au scrutin secret toutes les fois que trois des membres présents le réclament.

TITRE III.

Des dépenses et recettes, et des budgets des Communes.

Art. 30. — Les dépenses des communes sont obligatoires ou facultatives.

Sont obligatoires les dépenses suivantes :

1° L'entretien, s'il y a lieu, de l'hôtel de ville ou du local affecté à la mairie;

2° Les frais de bureau et d'impression pour le service de la commune;

3° L'abonnement au Bulletin des lois;

4° Les frais de recensement de la population;

5° Les frais des registres de l'état civil, et la portion des tables décennales à la charge des communes;

6° Le traitement du receveur municipal, du préposé en chef de l'octroi, et les frais de perception;

7° Le traitement des gardes des bois de la commune et des gardes champêtres;

8° Le traitement et les frais de bureau des commissaires de police, tels qu'ils sont déterminés par les lois;

9° Les pensions des employés municipaux et des commissaires de police, régulièrement liquidées et approuvées;

10° Les frais de loyer et de réparation du local de la justice de paix, ainsi que ceux d'achat et d'entretien de son mobilier, dans les communes chefs-lieux de canton;

11° Les dépenses de la garde nationale, telles qu'elles sont déterminées par les lois;

12° Les dépenses relatives à l'instruction publique, conformément aux lois;

13° L'indemnité de logement aux curés et desservants, et autres ministres des cultes salariés par l'État, lorsqu'il n'existe pas de bâtiment affecté à leur logement;

14° Les secours aux fabriques des églises et autres administrations préposées aux cultes dont les ministres sont salariés par l'État, en cas d'insuffisance de leurs revenus, justifiée par leurs comptes et budgets;

15° Le contingent assigné à la commune, conformément aux lois, dans la dépense des enfants trouvés et abandonnés;

16° Les grosses réparations aux édifices communaux, sauf l'exécution des lois spéciales concernant les bâtiments militaires et les édifices consacrés au culte;

17° La clôture des cimetières, leur entretien et leur translation dans les cas déterminés par les lois et règlements d'administration publique;

18° Les frais des plans d'alignements;

19° Les frais et dépenses des conseils des prud'hommes, pour les communes où ils siégent; les menus frais des chambres consultatives des arts et manufactures, pour les communes où elles existent;

20° Les contributions et prélèvements établis par les lois sur les biens et revenus communaux;

21° L'acquittement des dettes exigibles,

Et généralement toutes les autres dépenses mises à la charge des communes par une disposition des lois.

Toutes dépenses autres que les précédentes sont facultatives.

Art. 31. — Les recettes des communes sont ordinaires ou extraordinaires.

Les recettes ordinaires des communes se composent :

1° Des revenus de tous les biens dont les habitants n'ont pas la jouissance en nature;

2° Des cotisations imposées annuellement sur les ayants droit aux fruits qui se perçoivent en nature;

3° Du produit des centimes ordinaires affectés aux communes par les lois de finances;

4° Du produit de la portion accordée aux communes dans l'impôt des patentes;

5° Du produit des octrois municipaux;

6° Du produit des droits de place perçus dans les halles, foires, marchés, abattoirs, d'après les tarifs dûment autorisés;

7° Du produit des permis de stationnement et des locations sur la voie publique, sur les ports et rivières et autres lieux publics;

8° Du produit des péages communaux, des droits de pesage, mesurage et jaugeage, des droits de voirie et autres droits légalement établis;

9° Du prix des concessions dans les cimetières;

10° Du produit des concessions d'eau, de l'enlèvement des boues et immondices de la voie publique, et autres concessions autorisées pour les services communaux;

11° Du produit des expéditions des actes administratifs et des actes de l'état civil;

12° De la portion que les lois accordent aux communes dans le produit des amendes prononcées par les tribunaux de simple police, par ceux de police correctionnelle et par les conseils de discipline de la garde nationale,

Et généralement du produit de toutes les taxes de ville et de police dont la perception est autorisée par la loi.

Art. 32. — Les recettes extraordinaires se composent:

1° Des contributions extraordinaires dûment autorisées;

2° Du prix des biens aliénés ;

3° Des dons et legs ;

4° Du remboursement des capitaux exigibles et des rentes rachetées ;

5° Du produit des coupes extraordinaires de bois ;

6° Du produit des emprunts,

Et de toutes autres recettes accidentelles.

Art. 33. — Le budget de chaque commune, proposé par le maire et voté par le conseil municipal, est définitivement réglé par arrêté du préfet.

Toutefois, le budget des villes dont le revenu est de cent mille francs, ou plus, est réglé par une ordonnance du Roi.

Le revenu d'une commune est réputé atteindre cent mille francs lorsque les recettes ordinaires, constatées dans les comptes, se sont élevées à cette somme pendant les trois dernières années.

Il n'est réputé être descendu au-dessous de cent mille francs que lorsque, pendant les trois dernières années, les recettes ordinaires sont restées inférieures à cette somme.

Art. 34. — Les crédits qui pourraient être reconnus nécessaires après le règlement du budget sont délibérés conformément aux articles précédents, et autorisés par le préfet, dans les communes dont il est appelé à régler le budget, et par le ministre dans les autres communes.

Toutefois, dans ces dernières communes, les crédits supplémentaires pour dépenses urgentes pourront être approuvés par le préfet.

Art. 35. — Dans le cas où, par une cause quelconque, le budget d'une commune n'aurait pas été approuvé avant le commencement de l'exercice, les recettes et dépenses ordinaires continueront, jusqu'à l'approbation de ce budget, à être faites conformément à celui de l'année précédente.

Art. 36. — Les dépenses proposées au budget d'une commune peuvent être rejetées ou réduites par l'ordonnance du Roi, ou par l'arrêté du préfet, qui règle ce budget.

Art. 37. — Les conseils municipaux peuvent porter au budget un crédit pour dépenses imprévues.

La somme inscrite pour ce crédit ne pourra être réduite ou rejetée qu'autant que les revenus ordinaires, après avoir satisfait à toutes les dépenses obligatoires, ne permettraient pas d'y faire face, ou qu'elle excéderait le dixième des recettes ordinaires.

Le crédit pour dépenses imprévues sera employé par le maire, avec l'approbation du préfet et du sous-préfet.

Dans les communes autres que les chefs-lieux de département ou d'arrondissement, le maire pourra employer le montant de ce crédit aux dépenses urgentes, sans approbation préalable, à la charge d'en informer immédiatement le sous-préfet, et d'en rendre compte au conseil municipal dans la première session ordinaire qui suivra la dépense effectuée.

Art. 38. — Les dépenses proposées au budget ne peuvent être augmentées, et il ne peut y en être introduit de nouvelles par l'arrêté du préfet, ou l'ordonnance du Roi, qu'autant qu'elles sont obligatoires.

Art. 39. — Si un conseil municipal n'allouait pas les fonds exigés pour une dépense obligatoire, ou n'allouait qu'une somme insuffisante, l'allocation nécessaire serait inscrite au budget par ordonnance du Roi, pour les communes dont le revenu est de cent mille francs et au-dessus, et par arrêté du préfet, en conseil de préfecture, pour celles dont le revenu est inférieur.

Dans tous les cas, le conseil municipal sera préalablement appelé à en délibérer.

S'il s'agit d'une dépense annuelle et variable, elle sera inscrite pour sa quotité moyenne pendant les trois dernières années. S'il s'agit d'une dépense annuelle et fixe de sa nature, ou d'une dépense extraordinaire, elle sera inscrite pour sa quotité réelle.

Si les ressources de la commune sont insuffisantes pour subvenir aux dépenses obligatoires inscrites d'office en vertu du présent article, il y sera pourvu par le conseil municipal, ou, en cas de refus de sa part, au moyen d'une contribution extraordinaire établie par une ordonnance du Roi, dans les limites du maximum qui sera fixé annuellement par la loi de finances, et par une loi spéciale si la contribution doit excéder ce maximum.

Art. 40. — Les délibérations du conseil municipal concernant une contribution extraordinaire destinée à subvenir aux dépenses obligatoires ne seront exécutoires qu'en vertu d'un arrêté du préfet, s'il s'agit d'une commune ayant moins de cent mille francs de revenu, et d'une ordonnance du Roi, s'il s'agit d'une commune ayant un revenu supérieur.

Dans le cas où la contribution extraordinaire aurait pour but de subvenir à d'autres dépenses que les dépenses obligatoires, elle ne pourra être autorisée que par ordonnance du Roi, s'il s'agit d'une commune ayant moins de cent mille francs de revenu, et par une loi, s'il s'agit d'une commune ayant un revenu supérieur.

Art. 41. — Aucun emprunt ne pourra être autorisé que par ordonnance du Roi, rendue dans les formes des règlements d'administration publique, pour les communes ayant moins de cent mille francs de revenu, et par une loi s'il s'agit d'une commune ayant un revenu supérieur.

Néanmoins, en cas d'urgence et dans l'intervalle des sessions, une ordonnance du Roi, rendue dans la forme des règlements d'administration publique, pourra autoriser les communes dont le revenu est de cent mille francs et au-dessus à contracter un emprunt jusqu'à concurrence du quart de leurs revenus.

Art. 42. — Dans les communes dont les revenus sont inférieurs à cent mille francs, toutes les fois qu'il s'agira de contributions extraordinaires ou d'emprunts, les plus imposés au rôle de la commune seront appelés à délibérer avec le conseil municipal, en nombre égal à celui des membres en exercice.

Ces plus imposés seront convoqués individuellement par le maire, au moins dix jours avant celui de la réunion.

Lorsque les plus imposés appelés seront absents, ils

seront remplacés en nombre égal par les plus imposés portés après eux sur le rôle.

Art. 43. — Les tarifs des droits de voirie sont réglés par ordonnance du Roi, rendue dans la forme des règlements d'administration publique.

Art. 44. — Les taxes particulières dues par les habitants ou propriétaires, en vertu des lois et des usages locaux, sont réparties par délibération du conseil municipal, approuvée par le préfet.

Ces taxes sont perçues suivant les formes établies pour le recouvrement des contributions publiques.

Art. 45. Aucune construction nouvelle, ou reconstruction entière ou partielle, ne pourra être autorisée que sur la production des projets et devis.

Ces projets et devis seront soumis à l'approbation préalable du ministre compétent, quand la dépense excédera trente mille francs, et à celle du préfet, quand elle sera moindre.

TITRE IV.

Des acquisitions, aliénations, baux, dons et legs.

Art. 46. — Les délibérations des conseils municipaux ayant pour objet des acquisitions, des ventes ou échanges d'immeubles, le partage de biens indivis, sont exécutoires sur arrêté du préfet, en conseil de préfecture, quand il s'agit d'une valeur n'excédant pas trois mille francs, pour les communes dont le revenu est au-dessous de cent mille francs, et vingt mille francs, pour les autres communes.

S'il s'agit d'une valeur supérieure, il est statué par ordonnance du Roi.

La vente des biens mobiliers et immobiliers des communes, autres que ceux qui servent à un usage public, pourra, sur la demande de tout créancier porteur de titres exécutoires, être autorisée par une ordonnance du Roi, qui déterminera les formes de la vente.

Art. 47. — Les délibérations des conseils municipaux ayant pour objet des baux dont la durée devra excéder dix-huit ans ne sont exécutoires qu'en vertu d'une ordonnance royale.

Quelle que soit la durée du bail, l'acte passé par le maire n'est exécutoire qu'après l'approbation du préfet.

Art. 48. — Les délibérations ayant pour objet l'acceptation des dons et legs d'objets mobiliers ou de sommes d'argent, faits à la commune et aux établissements communaux, sont exécutoires en vertu d'un arrêté du préfet, lorsque leur valeur n'excède pas trois mille francs, et en vertu d'une ordonnance du Roi, lorsque leur valeur est supérieure ou qu'il y a réclamation des prétendants droit à la succession.

Les délibérations qui porteraient refus de dons et legs, et toutes celles qui concerneraient des dons et legs d'objets immobiliers, ne sont exécutoires qu'en vertu d'une ordonnance du Roi.

Le maire peut toujours, à titre conservatoire, accepter les dons et legs, en vertu de la délibération du conseil municipal; l'ordonnance du Roi ou l'arrêté du préfet, qui intervient ensuite, a effet du jour de cette acceptation.

TITRE V.

Des actions judiciaires et des transactions.

Art. 49. — Nulle commune ou section de commune ne peut introduire une action en justice sans être autorisée par le conseil de préfecture.

Après tout jugement intervenu, la commune ne peut se pourvoir devant un autre degré de juridiction qu'en vertu d'une nouvelle autorisation du conseil de préfecture.

Cependant tout contribuable inscrit au rôle de la commune a le droit d'exercer, à ses frais et risques, avec l'autorisation du conseil de préfecture, les actions qu'il croirait appartenir à la commune ou section, et que la commune ou section, préalablement appelée à en délibérer, aurait refusé ou négligé d'exercer.

La commune ou section sera mise en cause, et la décision qui interviendra aura effet à son égard.

Art. 50. — La commune, section de commune ou le contribuable auquel l'autorisation aura été refusée pourra se pourvoir devant le Roi, en Conseil d'État. Le pourvoi sera introduit et jugé en la forme administrative. Il devra, à peine de déchéance, avoir lieu dans le délai de trois mois, à dater de la notification de l'arrêté du conseil de préfecture.

Art. 51. — Quiconque voudra intenter une action contre une commune ou section de commune sera tenu d'adresser préalablement au préfet un mémoire exposant les motifs de sa réclamation. Il lui en sera donné récépissé.

La présentation du mémoire interrompra la prescription et toutes déchéances.

Le préfet transmettra le mémoire au maire, avec l'autorisation de convoquer immédiatement le conseil municipal pour en délibérer.

Art. 52. — La délibération du conseil municipal sera, dans tous les cas, transmise au conseil de préfecture, qui décidera si la commune doit être autorisée à ester en jugement.

La décision du conseil de préfecture devra être rendue dans le délai de deux mois à partir de la date du récépissé énoncé en l'article précédent.

Art. 53. — Toute décision du conseil de préfecture portant refus d'autorisation devra être motivée.

En cas de refus de l'autorisation, le maire pourra, en vertu d'une délibération du conseil municipal, se pourvoir devant le Roi, en son Conseil d'État, conformément à l'article 50 ci-dessus.

Il devra être statué sur le pourvoi dans le délai de deux mois, à partir du jour de son enregistrement au secrétariat général du Conseil d'État.

Art. 54. — L'action ne pourra être intentée qu'après la décision du conseil de préfecture, et, à défaut de décision dans le délai fixé par l'article précédent, jusqu'à l'expiration de ce délai.

En cas de pourvoi contre la décision du conseil de préfecture, l'instance sera suspendue jusqu'à ce qu'il ait été statué sur le pourvoi, et, à défaut de décision dans le délai fixé par l'article précédent, jusqu'à l'expiration de ce délai.

En aucun cas, la commune ne pourra défendre à l'action qu'autant qu'elle y aura été expressément autorisée.

Art. 55. — Le maire peut toutefois, sans autorisation préalable, intenter toute action possessoire, ou y défendre, et faire tous autres actes conservatoires ou interruptifs des déchéances.

Art. 56. — Lorsqu'une section est dans le cas d'intenter ou de soutenir une action judiciaire contre la commune elle-même, il est formé, pour cette section, une commission syndicale de trois ou cinq membres, que le préfet choisit parmi les électeurs municipaux, et, à leur défaut, parmi les citoyens les plus imposés.

Les membres du corps municipal qui seraient intéressés à la jouissance des biens ou droits revendiqués par la section ne devront point participer aux délibérations du conseil municipal relatives au litige.

Ils seront remplacés, dans toutes ces délibérations, par un nombre égal d'électeurs municipaux de la commune, que le préfet choisira parmi les habitants ou propriétaires étrangers à la section.

L'action est suivie par celui de ses membres que la commission syndicale désigne à cet effet.

Art. 57. — Lorsqu'une section est dans le cas d'intenter ou de soutenir une action judiciaire contre une autre section de la même commune, il sera formé, pour chacune des sections intéressées, une commission syndicale conformément à l'article précédent.

Art. 58. — La section qui aura obtenu une condamnation contre la commune, ou contre une autre section, ne sera point passible des charges ou contributions imposées pour l'acquittement des frais et dommages-intérêts qui résulteraient du fait du procès.

Il en sera de même à l'égard de toute partie qui aurait plaidé contre une commune ou une section de commune.

Art. 59. — Toute transaction consentie par un conseil municipal ne peut être exécutée qu'après l'homologation par ordonnance royale, s'il s'agit d'objets immobiliers ou d'objets mobiliers d'une valeur supérieure à trois mille francs, et par arrêté du préfet en conseil de préfecture, dans les autres cas.

TITRE VI.

Comptabilité des Communes.

Art. 60. — Les comptes du maire, pour l'exercice clos, sont présentés au conseil municipal avant la délibération du budget. Ils sont définitivement approuvés par les préfets, pour les communes dont le revenu est inférieur à cent mille francs, et par le ministre compétent, pour les autres communes.

Art. 61. — Le maire peut seul délivrer des mandats. S'il refusait d'ordonnancer une dépense régulièrement autorisée et liquide, il serait prononcé par le préfet en conseil de préfecture.

L'arrêté du préfet tiendrait lieu du mandat du maire.

Art. 62. — Les recettes et dépenses communales s'effectuent par un comptable chargé seul, et sous sa responsabilité, de poursuivre la rentrée de tous revenus de la commune et de toutes sommes qui lui seraient dues, ainsi que d'acquitter les dépenses ordonnancées par le maire, jusqu'à concurrence des crédits régulièrement accordés.

Tous les rôles de taxe, de sous-répartitions et de prestations locales, devront être remis à ce comptable.

Art. 63. — Toutes les recettes municipales pour lesquelles les lois et règlements n'ont pas prescrit un mode spécial de recouvrement s'effectuent sur des états dressés par le maire. Ces états sont exécutoires après qu'ils ont été visés par le sous-préfet.

Les oppositions, lorsque la matière est de la compétence des tribunaux ordinaires, sont jugées comme affaires sommaires, et la commune peut y défendre, sans autorisation du conseil de préfecture.

Art. 64. — Toute personne autre que le receveur municipal, qui, sans autorisation légale, se serait ingérée dans le maniement des deniers de la commune, sera, par ce seul fait, constituée comptable ; elle pourra, en outre, être poursuivie en vertu de l'article 258 du Code pénal, comme s'étant immiscée sans titre dans des fonctions publiques.

Art. 65. — Le percepteur remplit les fonctions de receveur municipal.

Néanmoins, dans les communes dont le revenu excède trente mille francs, ces fonctions sont confiées, si le conseil municipal le demande, à un receveur municipal spécial. Il est nommé par le Roi, sur trois candidats que le conseil municipal présente.

Les dispositions du premier paragraphe ci-dessus ne seront applicables aux communes ayant actuellement un receveur municipal que sur la demande du conseil municipal, ou en cas de vacance.

Art. 66. — Les comptes du receveur municipal sont définitivement apurés par le conseil de préfecture, pour les communes dont le revenu n'excède pas trente mille francs, sauf recours à la Cour des comptes.

Les comptes des receveurs des communes dont le revenu excède trente mille francs sont réglés et apurés par ladite Cour.

Les dispositions ci-dessus, concernant la juridiction des conseils de préfecture et de la Cour des comptes sur les comptes des receveurs municipaux, sont applicables aux comptes des trésoriers des hôpitaux et autres établissements de bienfaisance.

Art. 67. — La responsabilité des receveurs municipaux et les formes de la comptabilité des communes seront déterminées par des règlements d'administration publique. Les receveurs municipaux seront assujettis, pour l'exécution de ces règlements, à la surveillance des receveurs des finances.

Dans les communes où les fonctions de receveur municipal et de percepteur sont réunies, la gestion du comptable est placée sous la responsabilité du receveur des finances de l'arrondissement.

Art. 68. — Les comptables qui n'auront pas présenté leurs comptes dans les délais prescrits par les règlements pourront être condamnés, par l'autorité chargée de les juger, à une amende de dix francs à cent francs, par chaque mois de retard, pour les receveurs et trésoriers justiciables des conseils de préfecture, et de cinquante francs à cinq cents francs, également par mois de retard, pour ceux qui sont justiciables de la Cour des comptes.

Ces amendes seront attribuées aux communes ou établissements que concernent les comptes en retard.

Elles seront assimilées aux débets de comptables, et le recouvrement pourra en être suivi par corps, conformément aux articles 8 et 9 de la loi du 17 avril 1832.

Art. 69. — Les budgets et les comptes des communes restent déposés à la mairie, où toute personne imposée aux rôles de la commune a droit d'en prendre connaissance.

Ils sont rendus publics par la voie de l'impression, dans les communes dont le revenu est de cent mille francs ou plus, et dans les autres, quand le conseil municipal a voté la dépense de l'impression.

TITRE VII.

Des intérêts qui concernent plusieurs Communes.

Art. 70. — Lorsque plusieurs communes possèdent des biens ou des droits par indivis, une ordonnance du Roi instituera, si l'une d'elles le réclame, une commission syndicale composée de délégués des conseils municipaux des communes intéressées.

Chacun des conseils élira dans son sein, au scrutin secret et à la majorité des voix, le nombre de délégués qui aura été déterminé par l'ordonnance du Roi.

La commission syndicale sera renouvelée tous les trois ans, après le renouvellement partiel des conseils municipaux.

Les délibérations prises par la commission ne sont exécutoires que sur l'approbation du préfet, et demeurent d'ailleurs soumises à toutes les règles établies pour les délibérations des conseils municipaux.

Art. 71. — La commission syndicale sera présidée par un syndic qui sera nommé par le préfet et choisi parmi les membres qui la composent.

Les attributions de la commission syndicale et du syndic, en ce qui touche les biens et les droits indivis, seront les mêmes que celles des conseils municipaux et des maires pour l'administration des propriétés communales.

Art. 72. — Lorsqu'un même travail intéressera plusieurs communes, les conseils municipaux seront spécialement appelés à délibérer sur leurs intérêts respectifs et sur la part de la dépense que chacune d'elles devra supporter. Ces délibérations seront soumises à l'approbation du préfet.

En cas de désaccord entre les conseils municipaux, le préfet prononcera, après avoir entendu les conseils d'arrondissement et le conseil général. Si les conseils municipaux appartiennent à des départements différents, il sera statué par ordonnance royale.

La part de la dépense définitivement assignée à chaque

commune sera portée d'office aux budgets respectifs, conformément à l'article 39 de la présente loi.

Art. 73. — En cas d'urgence, un arrêté du préfet suffira pour ordonner les travaux, et pourvoira à la dépense à l'aide d'un rôle provisoire. Il sera procédé ultérieurement à sa répartition définitive, dans la forme déterminée par l'article précédent.

TITRE VIII.

Disposition spéciale.

Art. 74. — Il sera statué par une loi spéciale sur l'administration municipale de la ville de Paris.

Loi sur l'organisation municipale.

(5 mai 1855 [1]).

SECTION Ire.

Composition et mode de nomination du corps municipal.

Article 1er. — Le corps municipal de chaque commune se compose du maire, d'un ou de plusieurs adjoints, et des conseillers municipaux.

Les fonctions des maires, des adjoints et des autres membres du corps municipal sont gratuites.

Art. 2. Le maire et les adjoints sont nommés par l'Empereur, dans les chefs-lieux de département, d'ar-

(1) Nous reproduisons cette loi, bien qu'un certain nombre de ses dispositions aient cessé d'être en vigueur.

rondissement et de canton, et dans les communes de trois mille habitants et au-dessus.

Dans les autres communes, ils sont nommés par le préfet, au nom de l'Empereur (¹).

(¹) Le *Journal des Débats*, du 13 juillet 1876, résume ainsi qu'il suit les divers systèmes qui se sont suivis en France relativement à la nomination des maires :

1° Nomination directe de tous les maires par le pouvoir exécutif, sans obligation de les choisir dans le conseil municipal. C'est le système de l'an VIII, de la Constitution de 1852 et de la loi de 1855.

2° Nomination par le pouvoir exécutif, avec obligation de choisir dans le sein du conseil municipal. (Loi de 1831, loi de 1870.)

3° Nomination par le pouvoir exécutif, sur une liste de présentation dressée par le conseil municipal. Le principe de ce système se trouve dans l'édit royal de 1765.

4° Élection du maire par les habitants. Il n'a plus été question de ce système depuis l'an VIII, et il n'a même jamais été pratiqué absolument.

5° Élection du maire par le conseil municipal dans toutes les communes. C'est le système qu'avait, le 8 avril 1871, adopté l'Assemblée nationale avant de revenir sur son vote, par voie d'amendement, sur les instances du chef du pouvoir exécutif.

6° Nomination des maires par le pouvoir exécutif dans les chefs-lieux de département et d'arrondissement et les communes d'au moins 6,000 habitants. (Loi de 1848 et projet de la commission de 1871.)

7° Nomination par le pouvoir exécutif dans les mêmes chefs-lieux et les villes d'au moins 20,000 habitants. (Loi du 14 avril 1871.)

8° Élection du maire par le conseil municipal avec adjonction des plus fort imposés, dans toutes les communes où cette adjonc-

Ils doivent être âgés de vingt-cinq ans accomplis, et inscrits, dans la commune, au rôle de l'une des quatre contributions directes.

Les adjoints peuvent être pris, comme le maire, en dehors du conseil municipal.

Le maire et les adjoints sont nommés pour cinq ans.

Ils remplissent leurs fonctions, même après l'expiration de ce terme, jusqu'à l'installation de leurs successeurs.

Ils peuvent être suspendus par arrêté du préfet.

Cet arrêté cessera d'avoir effet s'il n'est confirmé, dans le délai de deux mois, par le ministre de l'intérieur.

Les maires et les adjoints ne peuvent être révoqués que par décret de l'Empereur.

tion est exigée par la loi pour le vote des emprunts et de certains impôts. C'est le système qu'avait admis, en 1873, la commission de décentralisation. Il a été rejeté par l'Assemblée nationale.

9° Élection par le conseil municipal, avec institution par le pouvoir exécutif. — Proposition sans grande signification.

10° Élection par le conseil municipal d'un président autre que le maire, celui-ci restant à la nomination du pouvoir exécutif.

11° Division des attributions du maire entre un représentant élu par le conseil municipal ou le corps électoral, et un représentant du pouvoir exécutif nommé par lui, comme l'était l'agent national ou le procureur syndic de la période qui a suivi 1789.

Le douzième système, celui de la loi actuellement proposée, ne diffère de ceux qu'on vient de voir inscrits sous les numéros 6 et 7, qu'en ce qu'il étend le droit de nomination par le pouvoir exécutif jusqu'aux chefs-lieux de canton, qui sont en France au nombre d'environ 3,000 sur 36,000 communes.

Art. 3. — Il y a un adjoint dans les communes de deux mille cinq cents habitants et au-dessous; deux dans celles de deux mille cinq cent un à dix mille habitants. Dans les communes d'une population supérieure, il pourra être nommé un adjoint de plus par chaque excédant de vingt mille habitants.

Lorsque la mer ou quelque autre obstacle rend difficiles, dangereuses ou momentanément impossibles les communications entre le chef-lieu et une fraction de commune, un adjoint spécial, pris parmi les habitants de cette fraction, est nommé en sus du nombre ordinaire : cet adjoint spécial remplit les fonctions d'officier de l'état civil, et peut être chargé de l'exécution des lois et règlements de police dans cette partie de la commune.

Art. 4. — En cas d'absence ou d'empêchement, le maire est remplacé par un de ses adjoints, dans l'ordre des nominations.

En cas d'absence ou d'empêchement du maire et des adjoints, le maire est remplacé par un conseiller municipal désigné par le préfet, ou, à défaut de cette désignation, par le conseiller municipal le premier dans l'ordre du tableau.

Ce tableau est dressé d'après le nombre des suffrages obtenus, et en suivant l'ordre des scrutins.

Art. 5. — Ne peuvent être ni maires ni adjoints:

1° Les préfets, sous-préfets, secrétaires généraux et conseillers de préfecture;

2° Les membres des cours, des tribunaux de première instance et des justices de paix;

3° Les ministres des cultes;

4° Les militaires et employés des armées de terre et de mer en activité de service ou en disponibilité;

5° Les ingénieurs des ponts et chaussées et des mines en activité de service, les conducteurs des ponts et chaussées et les agents voyers;

6° Les agents et employés des administrations financières et des forêts, ainsi que les gardes des établissements publics et des particuliers;

7° Les commissaires et agents de police;

8° Les fonctionnaires et employés des colléges communaux et les instituteurs primaires communaux ou libres;

9° Les comptables et les fermiers des revenus communaux et les agents salariés par la commune.

Néanmoins, les juges suppléants aux tribunaux de première instance et les suppléants de juge de paix peuvent être maires ou adjoints.

Les agents salariés du maire ne peuvent être ses adjoints.

Il y a incompatibilité entre les fonctions de maire et d'adjoint et le service de la garde nationale.

Art. 6. — Chaque commune a un conseil municipal composé de dix membres, dans les communes de 500 habitants et au-dessous;

De 12, dans celles de.	501	à	1,500;
De 16, dans celles de.	1,501	à	2,500;
De 21, dans celles de.	2,501	à	3,500;
De 23, dans celles de.	3,501	à	10,000;
De 27, dans celles de.	10,001	à	30,000;

De 30, dans celles de. . . . . 30,001 à 40,000;
De 32, dans celles de. . . . . 40,001 à 50,000;
De 34, dans celles de. . . . . 50,001 à 60,000;
De 36, dans celles de. . . . . 60,001 et au-dessus.

Art. 7. — Les membres du conseil municipal sont élus par les électeurs inscrits sur la liste communale dressée en vertu de l'article 13 du décret du 2 février 1852.

Le préfet peut, par un arrêté pris en conseil de préfecture, diviser les communes en sections électorales.

Il peut, par le même arrêté, répartir entre les sections le nombre des conseillers à élire, en tenant compte du nombre des électeurs inscrits.

Art. 8. Les conseillers municipaux doivent être âgés de vingt-cinq ans accomplis.

Ils sont élus pour cinq ans.

En cas de vacance dans l'intervalle des élections quinquennales, il est procédé au remplacement quand le conseil municipal se trouve réduit aux trois quarts de ses membres.

Art. 9. — Ne peuvent être conseillers municipaux :

1° Les comptables de deniers communaux et les agents salariés de la commune;

2° Les entrepreneurs de services communaux;

3° Les domestiques attachés à la personne;

4° Les individus dispensés de subvenir aux charges communales, et ceux qui sont secourus par les bureaux de bienfaisance.

Art. 10. — Les fonctions de conseiller municipal sont incompatibles avec celles

1° De préfets, sous-préfets, secrétaires généraux, conseillers de préfecture;

2° De commissaires et d'agents de police;

3° De militaires ou employés des armées de terre et de mer en activité de service;

4° De ministres des divers cultes en exercice dans la commune.

Nul ne peut être membre de plusieurs conseils municipaux.

Art. 11. — Dans les communes de cinq cents âmes et au-dessus, les parents au degré de père, de fils, de frère, et les alliés au même degré, ne peuvent être en même temps membres du conseil municipal.

Art. 12. — Tout conseiller municipal qui, par une cause survenue postérieurement à sa nomination, se trouve dans un des cas prévus par les articles 9, 10 et 11, est déclaré démissionnaire par le préfet, sauf recours au conseil de préfecture.

Art. 13. — Les conseils municipaux peuvent être suspendus par le préfet; la dissolution ne peut être prononcée que par l'Empereur.

La suspension prononcée par le préfet sera de deux mois, et pourra être prolongée par le ministre de l'intérieur jusqu'à une année; à l'expiration de ce délai, si la dissolution n'a pas été prononcée par un décret, le conseil municipal reprend ses fonctions.

En cas de suppression, le préfet nomme immédiatement une commission pour remplir les fonctions du conseil municipal dont la suspension a été prononcée.

En cas de dissolution, la commission est nommée

soit par l'Empereur, soit par le préfet, suivant la distinction établie au paragraphe 1er de l'article 2 de la présente loi.

Le nombre des membres de cette commission ne peut être inférieur à la moitié de celui des conseillers municipaux.

La commission nommée en cas de dissolution peut être maintenue en fonctions jusqu'au renouvellement quinquennal.

Art. 14. — Dans la ville de Paris, dans les autres communes du département de la Seine, et dans la ville de Lyon, le conseil municipal est élu par l'Empereur, tous les cinq ans, et présidé par un de ses membres, également désigné par l'Empereur.

Les conseils de Paris et de Lyon sont composés de trente-six membres.

Il n'est pas autrement dérogé aux lois spéciales qui régissent l'organisation municipale dans ces deux villes.

SECTION II.

Assemblée des Conseils municipaux.

Art. 15. — Les conseils municipaux s'assemblent en session ordinaire quatre fois l'année : au commencement de février, mai, août et novembre. Chaque session peut durer dix jours.

Le préfet ou le sous-préfet prescrit la convocation extraordinaire du conseil municipal, ou l'autorise, sur la demande du maire, toutes les fois que les intérêts de la commune l'exigent.

La convocation peut également avoir lieu, pour un objet spécial et déterminé, sur la demande du tiers des membres du conseil municipal, adressée directement au préfet, qui ne peut la refuser que par un arrêté motivé. Cet arrêté est notifié aux réclamants, qui peuvent se pourvoir devant le ministre de l'intérieur.

Art. 16. — La convocation se fait par écrit et à domicile.

Quand le conseil municipal se réunit en session ordinaire, la convocation se fait cinq jours au moins avant celui de la réunion.

Quand le conseil municipal est convoqué extraordinairement, la convocation se fait trois jours au moins avant celui de la réunion. Elle contient l'indication des objets spéciaux et déterminés pour lesquels le conseil doit s'assembler.

Dans les sessions ordinaires, le conseil peut s'occuper de toutes les matières qui rentrent dans ses attributions.

En cas de réunion extraordinaire, le conseil ne peut s'occuper que des objets pour lesquels il a été spécialement convoqué.

En cas d'urgence, le sous-préfet peut abréger les délais de convocation.

Art. 17. — Le conseil municipal ne peut délibérer que lorsque la majorité des membres en exercice assiste à la séance.

Lorsque, après deux convocations successives, à huit jours d'intervalle, et dûment constatées, les membres du conseil municipal ne se sont pas réunis en nombre suffisant, la délibération prise après la troisième convocation est valable, quel que soit le nombre des membres présents.

Art. 18. — Les conseillers siégent dans l'ordre du tableau.

Les résolutions sont prises à la majorité absolue des suffrages.

Il est voté au scrutin secret toutes les fois que trois des membres présents le réclament.

Art. 19. — Le maire préside le conseil municipal et a voix prépondérante en cas de partage.

Les mêmes droits appartiennent à l'adjoint qui le remplace.

Dans tout autre cas, les adjoints pris en dehors du conseil ont seulement droit d'y siéger avec voix consultative.

Les fonctions de secrétaire sont remplies par un des membres du conseil, nommé au scrutin secret et à la majorité des membres présents. Le secrétaire est nommé pour chaque session.

Art. 20. — Tout membre du conseil municipal qui, sans motifs légitimes, a manqué à trois convocations consécutives, peut être déclaré démissionnaire par le préfet, sauf recours, dans les dix jours de la notification, devant le conseil de préfecture.

Art. 21. — Les membres du conseil municipal ne peuvent prendre part aux délibérations relatives aux affaires dans lesquelles ils ont un intérêt, soit en leur nom personnel, soit comme mandataires.

Art. 22. — Les séances des conseils municipaux ne sont pas publiques.

Les délibérations sont inscrites, par ordre de date, sur un registre coté et paraphé par le sous-préfet.

Elles sont signées par tous les membres présents à la séance, ou mention est faite de la cause qui les a empêchés de signer.

Copie en est adressée au préfet ou au sous-préfet, dans la huitaine.

Tout habitant ou contribuable de la commune a droit de demander communication, sans déplacement, et de prendre copie des délibérations du conseil municipal de sa commune.

Art. 23. — Toute délibération d'un conseil municipal portant sur un objet étranger à ses attributions est nulle de plein droit.

Le préfet, en conseil de préfecture, en déclare la nullité. En cas de réclamation du conseil municipal, il est statué par un décret de l'Empereur, le Conseil d'État entendu.

Art. 24. — Sont également nulles, de plein droit, toutes les délibérations prises par un conseil municipal hors de sa réunion légale.

Le préfet, en conseil de préfecture, déclare l'illégalité de la réunion et la nullité des délibérations.

Art. 25. — Tout conseil municipal qui se mettrait en correspondance avec un ou plusieurs autres conseils, ou qui publierait des proclamations ou adresses, sera immédiatement suspendu par le préfet.

Art. 26. — Tout éditeur, imprimeur, journaliste ou autre, qui rendra publics les actes interdits au conseil municipal par les articles 24 et 25 de la présente loi, sera passible des peines portées en l'article 123 du Code pénal.

SECTION III.

Assemblée des électeurs municipaux, et voie de recours contre les opérations électorales.

Art. 27. — L'assemblée des électeurs est convoquée par le préfet aux jours déterminés par l'article 33 de la présente loi.

Art. 28. — Lorsqu'il y aura lieu de remplacer des conseillers municipaux élus par des sections, conformément à l'article 7 de la présente loi, ces remplacements seront faits par les sections auxquelles appartenaient ces conseillers.

Art. 29. — Les sections sont présidées, savoir : la première par le maire, et les autres, successivement, par les adjoints, dans l'ordre de leur nomination, et par les conseillers municipaux, dans l'ordre du tableau.

Art. 30. — Le président a seul la police de l'assemblée.

Ces assemblées ne peuvent s'occuper d'autres objets que des élections qui leur sont attribuées. Toute discussion, toute délibération leur sont interdites.

Art. 31. — Les deux plus âgés et les deux plus jeunes des électeurs présents à l'ouverture de la séance, sachant lire et écrire, remplissent les fonctions de scrutateurs.

Le secrétaire est désigné par le président et les

scrutateurs. Dans les délibérations du bureau, il n'a que voix consultative.

Trois membres du bureau, au moins, doivent être présents pendant tout le cours des opérations.

Art. 32. — Les assemblées des électeurs communaux procèdent aux élections qui leur sont attribuées au scrutin de liste.

Art. 33. — Dans les communes de deux mille cinq cents habitants et au-dessus, le scrutin dure deux jours; il est ouvert le samedi et clos le dimanche. Dans les communes d'une population moindre, le scrutin ne dure qu'un jour; il est ouvert et clos le dimanche

Art. 34. — Le bureau juge provisoirement les difficultés qui s'élèvent sur les opérations de l'assemblée.

Ses décisions sont motivées.

Toutes les réclamations et décisions sont insérées au procès-verbal; les pièces et les bulletins qui s'y rapportent y sont annexés, après avoir été paraphés par le bureau.

Art. 35. — Pendant toute la durée des opérations, une copie de la liste des électeurs, certifiée par le maire, contenant les noms, domicile, qualification de chacun des inscrits, reste déposée sur la table autour de laquelle siége le bureau.

Art. 36. — Nul ne peut être admis à voter s'il n'est inscrit sur cette liste.

Toutefois, seront admis à voter, quoique non inscrits, les électeurs porteurs d'une décision du juge de paix ordonnant leur inscription, ou d'un arrêt de la Cour de cassation annulant un jugement qui aurait prononcé leur radiation.

Art. 37. — Nul électeur ne peut entrer dans l'assemblée s'il est porteur d'armes quelconques.

Art. 38. — Les électeurs sont appelés successivement à voter par ordre alphabétique.

Ils apportent leurs bulletins préparés en dehors de l'assemblée.

Le papier du bulletin doit être blanc et sans signe extérieur.

A l'appel de son nom, l'électeur remet au président son bulletin fermé.

Le président le dépose dans la boîte du scrutin, laquelle doit, avant le commencement du vote, avoir été fermée à deux serrures, dont les clefs restent, l'une entre les mains du président, l'autre entre les mains du scrutateur le plus âgé.

Le vote de chaque électeur est constaté sur la liste en marge de son nom, par la signature ou le paraphe de l'un des membres du bureau.

L'appel étant terminé, il est procédé au réappel, par ordre alphabétique, des électeurs qui n'ont pas voté.

Art. 39. — Le président doit constater, au commencement de l'opération, l'heure à laquelle le scrutin est ouvert.

Le scrutin ne peut être fermé qu'après être resté ouvert pendant trois heures au moins.

Le président constate l'heure à laquelle il déclare le scrutin clos, et, après cette déclaration, aucun vote ne peut être reçu.

Art. 40. — Après la clôture du scrutin, il est procédé au dépouillement de la manière suivante :

La boîte du scrutin est ouverte et le nombre des bulletins vérifié.

Si ce nombre est plus grand ou moindre que celui des votants, il en est fait mention au procès-verbal.

Le bureau désigne, parmi les électeurs présents, un certain nombre de scrutateurs.

Le président et les membres du bureau surveillent l'opération du dépouillement. Ils peuvent y procéder eux-mêmes s'il y a moins de trois cents votants.

Art. 41. — Si le dépouillement du scrutin ne peut avoir lieu le jour même, les boîtes contenant les bulletins sont scellées et déposées pendant la nuit au secrétariat ou dans une des salles de la mairie.

Les scellés sont également apposés sur les ouvertures du lieu où les boîtes ont été déposées.

Le maire prend les autres mesures nécessaires pour la garde des boîtes du scrutin.

Art. 42. — Les bulletins sont valables, bien qu'ils portent plus ou moins de noms qu'il n'y a de conseillers à élire.

Les derniers noms inscrits au delà de ce nombre ne sont pas comptés.

Les bulletins blancs ou illisibles, ceux qui ne contiennent pas une désignation suffisante, ou qui contiennent une désignation ou qualification inconstitutionnelle, ou dans lesquels les votants se font connaître, n'entrent pas en compte dans le résultat du dépouillement, mais ils sont annexés au procès-verbal.

Art. 43. — Immédiatement après le dépouillement, le président proclame le résultat du scrutin.

Le procès-verbal des opérations électorales est dressé par le secrétaire; il est signé par lui et par les autres membres du bureau. Une copie, également signée du secrétaire et des membres du bureau, en est aussitôt envoyée au préfet par l'intermédiaire du sous-préfet.

Les bulletins, autres que ceux qui doivent être annexés au procès-verbal, sont brûlés en présence des électeurs.

Art. 44. — Nul n'est élu au premier tour de scrutin s'il n'a réuni : 1° la majorité absolue des suffrages exprimés; 2° un nombre de suffrages égal au quart de celui des électeurs inscrits. Au deuxième tour de scrutin, l'élection a lieu à la majorité relative, quel que soit le nombre des votants. Les deux tours de scrutin peuvent avoir lieu le même jour.

Dans le cas où le deuxième tour de scrutin ne peut avoir lieu le même jour, l'assemblée est de droit convoquée pour le dimanche suivant.

Si plusieurs candidats obtiennent le même nombre de suffrages, l'élection est acquise au plus âgé.

Art. 45. — Tout électeur a le droit d'arguer de nullité les opérations de l'assemblée dont il fait partie.

Les réclamations doivent être consignées au procès-verbal, sinon elles doivent être, à peine de nullité, déposées au secrétariat de la mairie, dans le délai de cinq jours, à dater du jour de l'élection. Elles sont immédiatement adressées au préfet par l'intermédiaire du sous-préfet; elles peuvent aussi être directement déposées à la préfecture, ou à la sous-préfecture, dans le même délai de cinq jours.

Il est statué par le conseil de préfecture, sauf recours au Conseil d'État.

Si le conseil de préfecture n'a pas prononcé dans le délai d'un mois, à compter de la réception des pièces à la préfecture, la réclamation est considérée comme rejetée. Les réclamants peuvent se pourvoir au Conseil d'État dans le délai de trois mois.

En cas de recours au Conseil d'État, le pourvoi est jugé sans frais.

Art. 46. — Le préfet, s'il estime que les conditions et les formes légalement prescrites n'ont pas été remplies, peut également, dans le délai de quinze jours, à dater de la réception du procès-verbal, déférer les opérations électorales au conseil de préfecture.

Le recours au Conseil d'État, contre la décision du conseil de préfecture, est ouvert, soit au préfet, soit aux parties intéressées, dans les délais et les formes réglés par l'article précédent.

Art. 47. — Dans tous les cas où une réclamation, formée en vertu de la présente loi, implique la solution préjudicielle d'une question d'état, le conseil de préfecture renvoie les parties à se pourvoir devant les juges compétents, et fixe un bref délai dans lequel la partie qui aura élevé la question préjudicielle doit justifier de ses diligences.

Art. 48. — Dans le cas où l'annulation de tout ou partie des élections est devenue définitive, l'assemblée des électeurs est convoquée dans un délai qui ne peut excéder trois mois.

Art. 49. — Dans les six mois qui suivront la promulgation de la présente loi, il sera procédé au renouvellement intégral des conseils municipaux, ainsi qu'à la nomination des maires et adjoints.

Les membres des conseils municipaux, les maires et adjoints actuellement en exercice, continueront leurs fonctions jusqu'à l'installation de leurs successeurs.

SECTION IV.

Dispositions particulières.

Art. 50. — Dans les communes chefs-lieux de départements, dont la population excède quarante mille âmes, le préfet remplit les fonctions de préfet de police, telles qu'elles sont réglées par les dispositions actuellement en vigueur de l'arrêté des Consuls du 12 messidor an VIII.

Toutefois, les maires desdites communes restent chargés, sous la surveillance du préfet et sans préjudice des attributions, tant générales que spéciales, qui leur sont conférées par les lois :

1° De tout ce qui concerne l'établissement, l'entretien, la conservation des édifices communaux, cimetières, promenades, places, rues et voies publiques, ne dépendant pas de la grande voirie; l'établissement et la réparation des fontaines, aqueducs, pompes et égouts ;

2° De la police municipale, en tout ce qui a rapport à la sûreté et à la liberté du passage sur la voie publique, à l'éclairage, au balayage, aux arrosements, à la solidité et à la salubrité des constructions privées;

Aux mesures propres à prévenir et à arrêter les accidents et fléaux calamiteux, tels que les incendies, les épidémies, les épizooties, les débordements;

Aux secours à donner aux noyés;

A l'inspection de la salubrité des denrées, boissons, comestibles et autres marchandises mises en vente publique, et de la fidélité de leur débit;

3° De la fixation des mercuriales;

4° Des adjudications, marchés et baux.

Les conseils municipaux desdites communes sont appelés, chaque année, à voter, sur la proposition du préfet, les allocations qui doivent être affectées à chacun des services dont les maires cessent d'être chargés. Ces dépenses sont obligatoires.

Si un conseil n'allouait pas les fonds exigés pour ces dépenses, ou n'allouait qu'une somme insuffisante, l'allocation nécessaire serait inscrite au budget par décret impérial, le Conseil d'État entendu.

Art. 51. — Sont abrogées la loi du 21 mars 1831, et les dispositions du décret du 3 juillet 1848 et de la loi du 7 juillet 1852, relatives à l'organisation des corps municipaux.

Loi du 24 juillet 1867.

En donnant cette loi, nous intercalons en caractères plus petits l'instruction ministérielle du 3 juillet.

TITRE Ier.

Des attributions des Conseils municipaux.

Article 1er. — Les conseils municipaux règlent, par leurs délibérations, les affaires ci-après désignées, savoir :

1° Les acquisitions d'immeubles, lorsque la dépense, totalisée avec celle des autres acquisitions déjà votées dans le même exercice, ne dépasse pas le dixième des revenus ordinaires de la commune;

L'article 1er énumère plusieurs séries d'affaires qui seront, à l'avenir, réglées par les conseils municipaux.

Aux termes de l'article 17 de la loi du 18 juillet 1837, ces conseils ne prononçaient que sur un petit nombre d'objets. Vous remarquerez, au contraire, l'intérêt et la diversité des affaires sur lesquelles les assemblées municipales seront désormais appelées à statuer.

Le législateur a, toutefois, apporté une restriction à ce pouvoir. Si, sur l'un des objets énumérés par l'article 1er, un désaccord s'élève entre le maire et le conseil municipal, la délibération de ce conseil doit être soumise à l'approbation du préfet. Il vous sera facile de saisir l'utilité de cette disposition; mais vous ne perdrez pas de vue qu'elle met entre vos mains un droit exceptionnel, dont il ne conviendra de faire usage qu'avec la plus grande circonspection. Vous devrez peser mûrement les objections présentées par le maire, tenir grand compte de la majorité plus ou moins considérable à laquelle aura été votée la mesure soumise à votre appréciation, et ne pas hésiter à approuver les délibérations du conseil municipal toutes les fois qu'elles ne seront pas de nature à compromettre réellement les intérêts de la commune. Vous vous attacherez enfin, Monsieur le Préfet, à maintenir l'unité de vues entre les conseils municipaux et les maires, et vous ne permettrez pas que ces derniers puissent trouver, dans la disposition finale de l'article 1er, un moyen d'entraver la marche des affaires et d'annuler la liberté d'action que la loi a entendu assurer aux conseils municipaux.

Vous remarquerez que la disposition restrictive dont je viens de vous entretenir n'existe pas dans la loi du 18 juillet 1837, et que, dès lors, les affaires comprises dans l'article 17 de cette loi doivent, comme par le passé, être réglées par le conseil municipal, lors même que ses délibérations seraient contraires à l'avis du maire.

L'article 1er de la loi nouvelle et les articles 2 et 3, dont il sera parlé ci-après, sont complétés par l'article 6, qui déclare applicable aux délibérations auxquelles ils se réfèrent l'article 18 de la loi du 18 juillet 1837. Ainsi ces délibérations seront exécutoires par elles-mêmes si, dans le délai d'un mois, à partir du jour où une expédition vous aura été adressée, vous ne les avez pas annulées, soit d'office pour violation d'une disposition de loi ou d'un règlement d'administration publique, soit sur la réclamation d'une partie intéressée. Il vous appartiendra, de plus, conformément au même article de la loi de 1837, de suspendre l'exécution de la délibération du conseil municipal pendant un nouveau délai d'un mois.

Toutes les fois que vous serez saisi d'une délibération prise en vertu de l'article 1er, je vous recommande de vous assurer que le maire s'est conformé aux prescriptions de l'ordonnance du 18 décembre 1838, en prévenant les habitants, par la voie des annonces et publications usitées dans la commune, qu'ils pouvaient se présenter à la mairie pour prendre connaissance de la délibération.

L'examen des diverses catégories d'affaires sur lesquelles les conseils municipaux auront désormais le droit de statuer ne me paraît devoir donner lieu qu'à quelques observations.

2° Les conditions des baux à loyer des maisons et bâtiments appartenant à la commune, pourvu que la durée du bail ne dépasse pas dix-huit ans;

En ce qui concerne les baux, vous remarquerez qu'aucune disposition de la loi nouvelle n'autorise à considérer comme abrogé le dernier paragraphe de l'article 47 de la loi du 18 juillet 1837, et que, dès lors, tout acte de bail passé par le maire devra, pour devenir exécutoire, être revêtu de votre approbation. Je vous engage à ne refuser cette approbation que pour des motifs exceptionnels, et, par exemple, dans le cas où les termes de l'acte de bail ne reproduiraient pas exactement le sens des dispositions adoptées par le conseil municipal. Rien n'est changé quant aux baux des biens pris à loyer par les communes, et vous continuerez, par conséquent, à approuver les délibérations prises en pareille matière par les conseils municipaux. (Loi du 18 juillet 1837, art. 19 et 20, et décret du 25 mars 1852, tableau A.)

3° Les projets, plans et devis de grosses réparations et d'entretien, lorsque la dépense totale afférente à ces projets et aux autres projets de la même nature, adoptés dans le même exercice, ne dépasse pas le cinquième des revenus ordinaires de la commune, ni, en aucun cas, une somme de 50,000 fr.;

En ce qui touche les acquisitions, le nouveau pouvoir attribué à ces conseils est limité au cas où la dépense, jointe à celle des autres acquisitions réalisées dans le même exercice, ne dépasse pas le dixième des revenus ordinaires de la commune.

Le calcul devra être fait, non sur le total des recettes ordinaires figurant au budget de l'exercice courant, mais sur la moyenne de ces recettes, établie d'après les comptes administratifs des trois dernières années. La même observation s'applique aux travaux de grosses réparations et d'entretien, sur lesquels les conseils municipaux statueront dorénavant, lorsque les devis, réunis à ceux déjà votés dans le même exercice, n'excéderont pas le cinquième des revenus communaux ordinaires.

4° Le tarif des droits de place à percevoir dans les halles, foires et marchés;

5° Les droits à percevoir pour permis de stationnement et de locations sur les rues, places et autres lieux dépendant du domaine public communal;

Le § 5, concernant les tarifs des droits à percevoir pour le stationnement sur les rues, places et autres lieux dépendant du domaine public communal, ne modifie pas la règle d'après laquelle ces mêmes tarifs doivent être soumis à l'approbation de l'autorité supérieure, quand il s'agit des ports, quais, rivières et autres lieux dépendant de la grande voirie, à raison des intérêts généraux qui se rattachent à la liberté du commerce et de la navigation, et que ces perceptions pourraient compromettre.

6° Le tarif des concessions dans les cimetières;

7° Les assurances des bâtiments communaux;

8° L'affectation d'une propriété communale à un service communal, lorsque cette propriété n'est encore affectée à aucun service public, sauf les règles prescrites par des lois particulières;

9° L'acceptation ou le refus de dons ou legs faits à la commune sans charges, conditions ni affectation immobilière, lorsque ces dons et legs ne donnent pas lieu à réclamation.

En cas de désaccord entre le maire et le conseil municipal, la délibération ne sera exécutoire qu'après approbation du préfet.

A l'égard des legs faits aux communes sans charges, conditions ni affectation immobilière, sur l'acceptation desquels le § 9 donne aux conseils municipaux le droit de statuer, vous aurez soin de veiller à ce que les conseils municipaux s'assurent que les héritiers du testateur ont consenti à la délivrance des libéralités, ou que, du moins, ils ont été appelés à se prononcer par une mise en demeure régulière.

Art. 2. — Lorsque le budget communal pourvoit à toutes les dépenses obligatoires et qu'il n'applique aucune recette extraordinaire aux dépenses, soit obligatoires, soit facultatives, les allocations portées audit budget par le conseil municipal pour des dépenses facultatives, ne peuvent être ni changées ni modifiées par l'arrêté du préfet ou par le décret impérial qui règle le budget.

L'article 2 déroge aux dispositions de l'article 36 de la loi du 18 juillet 1837, d'après lesquelles les dépenses peuvent être rejetées ou réduites par l'autorité qui règle le budget. Il accorde aux conseils municipaux la faculté de répartir à leur gré le surplus des recettes restant disponibles, après que le paiement de toutes les dépenses obligatoires a été assuré, et lorsque, d'ailleurs, aucune recette extraordinaire n'est affectée à l'acquittement des dépenses, soit obligatoires, soit facultatives.

Il est bien entendu que, pour profiter du bénéfice de cet article, les communes ne devront faire figurer en recettes ordinaires que celles qui y sont énoncées dans l'article 31 de la loi de 1837. Toutefois, elles pourront également y comprendre le produit des centimes spéciaux votés, en exécution des lois des 21 mai 1836 et 15 mars 1850, pour les chemins vicinaux et l'instruction primaire, et ceux qui sont destinés aux salaires des gardes champêtres. Ce sont là, en effet, des ressources ordinaires et annuelles.

On ne saurait, au contraire, considérer comme faisant partie des ressources communales ordinaires les centimes extraordinaires et spéciaux créés par la loi du 10 avril 1867 pour la gratuité de l'enseignement primaire, et par l'article 5 de la présente loi pour les chemins vicinaux ordinaires.

Art. 3. — Les conseils municipaux peuvent voter, dans la limite du maximum fixé chaque année par le conseil général, des contributions extraordinaires n'excédant pas cinq centimes pendant cinq années, pour en affecter le produit à des dépenses extraordinaires d'utilité communale.

Ils peuvent aussi voter trois centimes extraordinaires exclusivement affectés aux chemins vicinaux ordinaires.

Les conseils municipaux votent et règlent, par leurs délibérations, les emprunts communaux remboursables sur les centimes extraordinaires votés comme il vient d'être dit au § 1er du présent article, ou sur les ressources ordinaires, quand l'amortissement, en ce cas, ne dépasse pas douze années.

En cas de désaccord entre le maire et le conseil municipal, la délibération ne sera exécutoire qu'après approbation du préfet.

Les articles 3, 5 et 7 apportent des modifications importantes aux règles auxquelles était soumise, jusqu'à présent, l'autorisation des impositions extraordinaires et des emprunts.

L'article 3 investit les conseils municipaux du droit de *régler* par un simple vote :

1° Dans la limite du maximum fixé, chaque année, par le conseil général, en exécution de l'article 4 de la loi du 18 juillet 1866, des contributions extraordinaires n'excédant pas 5 centimes pendant cinq ans, pour en appliquer le produit à des dépenses extraordinaires d'utilité communale ;

2° Les emprunts remboursables en cinq ans, sur le produit de ces 5 centimes, ou en douze ans, sur les revenus ordinaires.

Il ne saurait être douteux, Monsieur le Préfet, que les centimes communaux destinés aux dépenses annuelles obligatoires ou facultatives, ainsi que les centimes spéciaux votés en vertu des lois du 21 mai 1836 et du 15 mars 1850, ne se confondront pas avec les centimes extraordinaires que les conseils municipaux pourront voter jusqu'à concurrence du maximum fixé par le conseil général. Mais je crois utile d'ajouter qu'on ne devra pas non plus considérer comme compris dans ce maximum les centimes extraordinaires et spéciaux destinés au service de l'instruction primaire, en vertu de la loi du 10 avril 1867 (art. 8), et ceux qui sont affectés par l'article 3 de la présente loi aux dépenses des chemins vicinaux ordinaires.

Le soin de fixer le nombre des centimes extraordinaires que les conseils municipaux pourront voter sans l'autorisation du Gouvernement, constituera l'une des attributions les plus importantes des conseils généraux. Dès la session qui va s'ouvrir, vous aurez à soumettre à ce sujet vos propositions au conseil général de votre département. Vous savez que, d'après la loi du 18 juillet 1866, le conseil général ne peut autoriser le vote de ces impositions extraordinaires que jusqu'à concurrence du chiffre de 20 centimes. Conviendra-t-il d'atteindre ce maximum dans votre département, ou de se restreindre à un chiffre notablement inférieur? La solution de cette question dépendra de diverses circonstances délicates à apprécier, au nombre desquelles doivent figurer la richesse du département, le nombre des centimes ordinaires ou extraordinaires inscrits à son budget, notamment le chiffre de ceux qui ont pour objet de pourvoir aux services de l'instruction primaire et des chemins vicinaux, le taux des frais de poursuites auxquels donne lieu la perception des contributions directes[1], et en général toutes

(1) La moyenne du taux des frais de poursuites, dans l'ensemble des départements, est de 1.28.

les causes permanentes ou accidentelles qui contribuent à rendre ou facile ou malaisé le recouvrement de l'impôt.

Je vous engage, Monsieur le Préfet, à donner tous vos soins à ce travail, dont l'intérêt politique ne vous échappera pas. Vous jugerez sans doute nécessaire de n'arrêter vos propositions qu'après avoir pris l'avis du directeur des contributions directes. Il sera même utile, à ce qu'il me semble, que ce fonctionnaire soit appelé à éclairer, par ses explications, la décision du conseil général.

D'après l'article 3, § 2 de la loi, les conseils municipaux peuvent voter 3 centimes extraordinaires, *exclusivement* affectés aux chemins vicinaux ordinaires.

Ces trois centimes, dont l'affectation légale ne saurait être modifiée, serviront à améliorer une catégorie de chemins très-intéressante pour les populations rurales, et qui, trop souvent, est dépourvue de toute dotation, par suite de l'emploi des ressources spéciales créées en vertu de la loi du 21 mai 1836, à l'entretien ou à l'achèvement des chemins de grande communication et d'intérêt commun. Mais, à la différence de ces ressources, les nouveaux centimes n'ont qu'un caractère facultatif, et vous ne pourriez, en aucun cas, les imposer d'office aux communes, si les conseils municipaux se refusaient à les voter.

Vous ne perdrez pas de vue, Monsieur le Préfet, que, à la différence des centimes spéciaux autorisés par les lois du 21 mai 1836 et du 15 mars 1850, les trois centimes dont le vote est autorisé par l'article 3 de la présente loi, ainsi que ceux qui peuvent être votés pour la gratuité de l'enseignement (art. 8 de la loi du 10 avril 1867), figurent au nombre des ressources communales extraordinaires, et doivent, à ce titre, être votés suivant les formes prescrites par l'article 42 de la loi du 18 juillet 1837, c'est-à-dire par les plus imposés réunis au conseil municipal.

Relativement aux impositions extraordinaires votées aussi avec le concours des plus imposés, pour le traitement des gardes champêtres, il importe de constater que, en vertu de la loi du 21 avril 1832, elles étaient établies uniquement sur la propriété foncière, et que dorénavant, d'après la loi de finances de l'exercice 1868, elles porteront sur les quatre contributions. C'est là une modification qui trouve sa justification dans l'article 20 de la nouvelle loi. D'après la législation antérieure, les gardes champêtres n'avaient qualité que pour rechercher les délits ruraux. En les autorisant à constater désormais toutes les contraventions aux règlements de police municipale, l'article 20 cesse de restreindre leurs fonctions à la protection des propriétés foncières. Il est donc équitable de faire peser sur tous les contribuables de la commune une dépense qui intéresse la généralité des habitants.

Art. 4. — A l'avenir, les forêts et les bois de l'État acquitteront les centimes additionnels ordinaires et extraordinaires affectés aux dépenses des communes, dans la proportion de la moitié de leur valeur imposable, le tout sans préjudice des dispositions de l'article 13 de la loi du 21 mai 1836, de l'article 3 de la loi du 12 juillet 1865 et du § 2 de l'article 3 de la présente loi.

L'article 4 de la nouvelle loi augmente les ressources des communes en abrogeant la loi du 19 ventôse an IX, qui avait affranchi de toute contribution les bois et forêts de l'État, et en les assujettissant désormais, dans la proportion de la moitié de leur valeur imposable, au paiement des centimes additionnels ordinaires et extraordinaires affectés aux dépenses des communes. Une disposition analogue avait déjà été insérée dans la loi du 18 juillet 1866 en faveur des départements; elle consacre, dans les deux cas, quoique avec quelques restrictions, le principe de l'égalité devant l'impôt.

Art. 5. — Les conseils municipaux votent, sauf approbation du préfet :

1° Les contributions extraordinaires qui dépasseraient cinq centimes sans excéder le maximum fixé par le conseil général, et dont la durée ne serait passupérieure à douze années;

2° Les emprunts remboursables sur ces mêmes contributions ou sur les revenus ordinaires dans un délai excédant douze années.

L'article 5 dispose que les conseils municipaux votent, sauf approbation du préfet : 1° les contributions extraordinaires qui dépasseraient cinq centimes, sans excéder le maximum fixé par le conseil général, et dont la durée ne serait pas supérieure à douze ans; 2° les emprunts remboursables sur ces mêmes contributions extraordinaires ou sur les revenus ordinaires, dans un délai excédant douze ans.

Les pouvoirs que vous confère l'article 5, Monsieur le Préfet, sont très-étendus. Vous en userez, je n'en doute pas, avec toute la prudence que commande l'intérêt bien entendu des communes. Il importe surtout que les emprunts communaux n'aient pour but que le paiement de dépenses d'une nécessité incontestable; qu'ils soient toujours circonscrits dans des limites modérées, et proportionnés surtout aux ressources disponibles, de manière à ne pas obérer les finances de la commune au préjudice des services municipaux les plus essentiels. Il sera prudent que, à moins de circonstances exceptionnelles, le terme d'amortissement des emprunts, même remboursables sur les revenus ordinaires, n'excède pas *quinze* ou *vingt* ans.

Vous remarquerez que les articles 3 et 5 sont d'une application générale et qu'ils n'établissent aucune distinction entre les impositions extraordinaires destinées au paiement des dépenses obligatoires et celles qui ont pour objet des dépenses purement facultatives. Les unes et les autres seront, selon leur quotité, votées directement par les conseils municipaux ou approuvées par le préfet, dans la limite du maximum fixé par le conseil général. Au-dessus de ce maximum, l'article 40 de la loi du 18 juillet 1837 reste applicable, et, en conséquence, il vous appartient d'approuver, dans les communes ayant moins de 100,000 fr. de revenus, les impositions extraordinaires destinées au paiement des dépenses obligatoires. Ces impositions seront approuvées, dans les communes dont le revenu est égal ou supérieur à 100,000 fr., par un décret impérial.

Art. 6. — L'article 18 de la loi du 18 juillet 1837 est applicable aux délibérations prises par les conseils municipaux en exécution des articles 1er, 2 et 3 qui précèdent.

L'article 43 de la même loi est applicable aux contributions extraordinaires et aux emprunts votés par les conseils municipaux en exécution des articles 3 et 5.

En vertu du § 2 de l'article 6, le concours des plus imposés est nécessaire pour le vote des contributions extraordinaires et des emprunts, sur lesquels les conseils municipaux statuent directement ou sur lesquels ils délibèrent, sauf approbation des préfets.

Il semble qu'il était superflu d'inscrire dans la loi nouvelle cette disposition, qui se borne à maintenir une règle déjà en vigueur; mais le législateur a jugé utile de déterminer d'une manière précise dans quelles conditions s'exerceraient les pouvoirs nouveaux confiés aux conseils municipaux et aux préfets par les articles 3 et 5 de la loi.

Il faut, du reste, se garder de conclure de ce qui précède que le concours des plus imposés n'est plus exigé lorsqu'il s'agit des emprunts ou des impositions qui doivent être approuvés conformément à l'article 7. La loi nouvelle ne contenant aucune disposition relative à la forme des délibérations prises au sujet de ces actes, ils demeurent soumis aux règles établies par la loi du 18 juillet 1837, et l'intervention des plus imposés est nécessaire toutes les fois que la commune a moins de 100,000 fr. de revenus ordinaires.

Telles sont, Monsieur le Préfet, les nouvelles règles posées en matière de contributions extraordinaires et d'emprunts : leur stricte application intéresse la bonne gestion des affaires communales, et je ne saurais trop la signaler à votre active vigilance. La situation financière des communes devra être l'objet des constantes préoccupations des administrations locales, et vous ne manquerez pas, pour vous conformer à l'article 5 de la loi du 18 juillet 1866, de mettre chaque année, sous les yeux du conseil général de votre département, le relevé de tous les emprunts communaux et de toutes les impositions extraordinaires communales qui auront été votées depuis sa dernière session, avec l'indication du chiffre total des centimes extraordinaires et des dettes dont chaque commune est grevée. Ce relevé sera dressé dans la forme des tableaux dont je vous transmettrai prochainement le modèle. Vous me l'adresserez après la session du conseil général, et je me réserve d'en faire, *tous les cinq ans*, un résumé général qui me permettra d'établir la situation financière de toutes les communes de l'empire.

Art. 7. — Toute contribution extraordinaire dépassant le maximum fixé par le conseil général et tout emprunt remboursable sur ressources extraordinaires, dans un délai excédant douze années, sont autorisés par décret impérial.

Le décret est rendu en Conseil d'État s'il s'agit d'une commune ayant un revenu supérieur à 100,000 fr.

Il est statué par une loi si la somme à emprunter dépasse un million, ou si ladite somme, réunie au chiffre d'autres emprunts non encore remboursés, dépasse un million.

Les articles 40 et 41 de la loi de 1837 exigeaient l'intervention du Corps législatif pour toute demande d'imposition et d'emprunt formée par les communes ayant un revenu supérieur à 100,000 fr.

L'article 7 de la nouvelle loi, qui est le complément de l'article 5, dispose que toute contribution extraordinaire dépassant le maximum fixé par le conseil général, et tout emprunt remboursable sur ressources extraordinaires, dans un délai excédant douze années, seront autorisés par *décret*. Seulement ce décret sera *rendu en Conseil d'État* s'il s'agit d'une commune ayant un revenu supérieur à 100,000 fr.

Le recours à une loi ne sera nécessaire que lorsque la somme à emprunter dépassera un million, ou que, réunie au chiffre d'autres emprunts non encore remboursés, elle excédera ce chiffre. L'intervention du Corps législatif, en matière d'emprunts, n'est donc plus déterminée, comme d'après la loi de 1837, par le chiffre du revenu des communes, mais bien par l'importance de la somme à emprunter.

Aux termes d'une circulaire du 11 mai 1864, vous deviez faire instruire, comme en matière d'emprunts, et me soumettre tous projets d'acquisitions ou de traités avec des entrepreneurs, lorsque ces projets engageaient les ressources ordinaires du budget communal *au delà d'une durée de six ans*. Ces prescriptions se trouvent nécessairement modifiées par suite des dispositions des articles 3, 5 et 7 de la nouvelle loi. Le droit de statuer sur ces acquisitions et sur ces traités rentrera désormais dans la compétence des conseils municipaux, dans les attributions du préfet ou dans celles du Gouvernement ou du pouvoir législatif, suivant les distinctions que la présente loi a établies relativement au vote et à l'approbation des emprunts communaux.

Il n'est point innové en ce qui concerne les impositions d'office : elles continueront à être soumises aux règles tracées par l'article 39 de la loi du 18 juillet 1837.

Art. 8. — L'établissement des taxes d'octroi votées par les conseils municipaux, ainsi que les règlements relatifs à leur perception, sont autorisés par décrets impériaux rendus sur l'avis du Conseil d'État.

Il en sera de même en ce qui concerne :

1° Les modifications aux règlements ou aux périmètres existants;

2° L'assujettissement à la taxe d'objets non encore imposés dans le tarif local;

3° L'établissement ou le renouvellement d'une taxe sur des objets non compris dans le tarif général indiqué ci-après;

4° L'établissement ou le renouvellement d'une taxe excédant le maximum fixé par ledit tarif général. (Voy. aussi le mot *Octroi* du *Dictionnaire d'administration.*)

Art. 9. — Sont exécutoires, dans les conditions déterminées par l'article 18 de la loi du 18 juillet 1837, les délibérations prises par les conseils municipaux, concernant :

1° La suppression ou la diminution des taxes d'octroi;

2° La prorogation des taxes principales d'octroi pour cinq ans au plus;

3° L'augmentation des taxes jusqu'à concurrence d'un décime, pour cinq ans au plus.

Sous la condition toutefois qu'aucune des taxes ainsi maintenues ou modifiées n'excédera le maximum déterminé dans un tarif général qui sera établi, après avis des conseils généraux, par un règlement d'administration publique, ou qu'aucune desdites taxes ne portera sur des objets non compris dans ce tarif.

En cas de désaccord entre le maire et le conseil municipal, la délibération ne sera exécutoire qu'après approbation du préfet.

Art. 10. — Sont exécutoires, sur l'approbation du préfet, lesdites délibérations ayant pour but :

La prorogation des taxes additionnelles actuellement existantes ;

L'augmentation des taxes principales au delà d'un décime;

Dans les limites du maximum des droits et de la nomenclature des objets fixés par le tarif général.

Les articles 8, 9 et 10 concernent les octrois.

En vertu de l'article 8, l'établissement des taxes d'octroi et les règlements relatifs à leur perception restent soumis à l'approbation du Gouvernement. A cet égard, les règles posées par l'ordonnance du 9 décembre 1814 et par les lois des 28 avril 1816 et 11 juin 1842 continuent à recevoir leur application; mais l'article 9 élargit les attributions des conseils municipaux, en ce qui concerne :

1° La diminution ou la suppression des taxes d'octroi;

2° La prorogation, pendant cinq ans au plus, des taxes principales;

3° L'augmentation des taxes jusqu'à concurrence d'un décime pour cinq ans au plus.

Les délibérations prises sur ces différents points seront désormais exécutoires sans approbation du préfet, mais dans les conditions déterminées par l'article 18 de la loi du 18 juillet 1837, si le conseil municipal est d'accord avec le maire, si aucune des taxes maintenues ou modifiées n'excède le maximum déterminé dans un tarif général, qui sera établi, après avis des conseils généraux, par un règlement d'administration publique, et si, d'ailleurs, les taxes ne portent que sur des objets compris dans ce tarif.

Ce tarif général est actuellement à l'étude, et des instructions vous seront adressées par M. le ministre des finances pour qu'il soit soumis, pendant la prochaine session, au conseil général de votre département.

Un décret ne sera plus nécessaire pour autoriser la prolongation des taxes additionnelles existantes et l'augmentation des taxes principales au delà d'un décime, si elles sont établies dans les limites du maximum des droits et de la nomenclature des objets fixés par le tarif général. Mais dans ces deux cas, d'après l'article 10, les délibérations du conseil municipal ne seront exécutoires que sur votre approbation.

Quant aux surtaxes d'octroi, rien n'est changé au mode de leur création ; elles ne pourront, comme précédemment, aux termes de l'article 9 de la loi de finances du 11 juin 1842 et de l'article 18 de la loi de finances du 22 juin 1854, être établies qu'en vertu d'une loi spéciale.

Art. 11. — Les conseils municipaux délibèrent sur l'établissement des marchés d'approvisionnement dans leur commune.

Le § 3 de l'article 6 et le § 3 de l'article 41 de la loi du 10 mai 1838 sont abrogés en ce qui concerne lesdits marchés.

Art. 12. — Les délibérations des commissions administratives des hospices, hôpitaux et autres établissements charitables communaux, concernant un emprunt, sont exécutoires en vertu d'un arrêté du préfet, sur avis conforme du conseil municipal, lorsque la somme à emprunter ne dépasse pas le chiffre des revenus ordinaires de l'établissement et que le remboursement doit être effectué dans un délai de douze années.

Si la somme à emprunter dépasse ledit chiffre, ou si le délai de remboursement est supérieur à douze années, l'emprunt ne peut être autorisé que par un décret de l'Empereur.

Le décret d'autorisation est rendu dans la forme des règlements d'administration publique, si l'avis du conseil municipal est contraire ou s'il s'agit d'un établissement ayant plus de 100,000 fr. de revenus.

L'emprunt ne peut être autorisé que par une loi, lorsque la somme à emprunter dépasse 500,000 fr., ou lorsque ladite somme, réunie au chiffre d'autres emprunts non encore remboursés, dépasse 500,000 fr.

La nouvelle loi vous confie, Monsieur le Préfet, le pouvoir d'autoriser les emprunts des établissements de bienfaisance communaux qui n'ont pas plus de 100,000 fr. de revenus ordinaires, lorsque le terme de remboursement n'excédera pas douze ans, que la somme à emprunter ne dépassera pas le chiffre des revenus ordinaires et que l'avis du conseil municipal sera favorable.

Si l'une de ces trois conditions fait défaut, l'emprunt ne pourra être autorisé que par un décret, et vous aurez à me transmettre le dossier de l'affaire. Le décret sera rendu en Conseil d'État si l'avis du conseil municipal est contraire, ou s'il s'agit d'un établissement ayant plus de 100,000 fr. de revenu, c'est-à-dire dont les recettes ordinaires auront atteint ce chiffre, d'après les comptes administratifs des trois derniers exercices.

Enfin, l'emprunt ne pourra être autorisé que par une loi lorsque la somme à emprunter dépassera 500,000 fr., ou lorsque, réunie au chiffre d'autres emprunts non encore remboursés, elle excédera 500,000 fr.

Je ne puis trop vous recommander, Monsieur le Préfet, d'apporter la plus grande circonspection dans l'instruction des demandes d'emprunt formées par des établissements de bienfaisance. Ces institutions n'ont pas, comme les communes, la faculté de se créer des ressources à l'aide d'impositions ou de taxes d'octroi. Les emprunts remboursables au moyen de l'aliénation d'une partie de la dotation sont presque toujours désastreux et entravent l'action des établissements par les sacrifices qu'impose leur amortissement. Il importe donc, en général, de ne les autoriser que pour une durée de *dix* à *douze ans* au plus, et dans le cas où leur remboursement pourrait s'effectuer facilement sur les revenus ordinaires, sans faire tort aux services charitables.

Enfin, toutes les fois que l'emprunt aura pour objet la construction, l'agrandissement ou la reconstruction des établissements, vous m'adresserez, avant de les approuver, les plans et devis des travaux. Je les soumettrai à l'examen du conseil des inspecteurs généraux des établissements de bienfaisance, dont les avis, inspirés par la connaissance approfondie des exigences du service charitable et de la situation même des établissements, seront si profitables aux commissions administratives.

Art. 13. — Les changements dans la circonscription territoriale des communes faisant partie du même canton sont définitivement approuvés par les préfets, après accomplissement des formalités prévues au titre Ier de la loi du 18 juillet 1837, en cas de consentement des conseils municipaux et sur avis conforme du conseil général.

Si l'avis du conseil général est contraire, ou si les changements proposés dans les circonscriptions communales modifient la composition d'un département, d'un arrondissement ou d'un canton, il est statué par une loi.

Tous autres changements dans la circonscription territoriale des communes sont autorisés par des décrets rendus dans la forme des règlements d'administration publique.

Les dispositions de l'article 13, concernant les changements de circonscriptions territoriales, n'apportent aucune modification aux règles tracées par le titre Ier de la loi du 18 juillet 1837 pour l'instruction de ces affaires. Elles ont pour but d'en faciliter la solution, soit en rapprochant des intéressés l'autorité chargée de la décision, soit en rendant moins fréquente l'intervention du pouvoir législatif.

D'après cet article, la sanction législative n'est plus nécessaire que dans deux circonstances :

1° Lorsque le projet modifie les limites d'un canton, d'un arrondissement ou d'un département ;

2° Lorsque le conseil général est opposé à la mesure proposée.

Dans les autres cas, il est statué par un décret ou par un arrêté préfectoral.

Le préfet statue lorsque les deux conditions suivantes se trouvent réunies :

1° Avis favorable du conseil municipal ou des conseils municipaux assistés des plus imposés;

2° Avis conforme du conseil général.

Les avis qui, sans être explicitement contraires, seraient accompagnés de réserves, devraient être considérés comme défavorables, et la compétence n'appartiendrait plus au préfet.

Il n'y a pas lieu de distinguer si le projet consiste à distraire une section, soit pour la réunir à une autre commune, soit pour l'ériger en municipalité distincte, ou à réunir ensemble plusieurs communes. L'assentiment du conseil municipal assisté des plus imposés et l'avis conforme du conseil général suffisent pour rendre le préfet compétent. Ni l'étendue du territoire, ni le chiffre de la population de la commune ou des communes intéressées ne sont pris en considération par la loi.

Si le conseil général est favorable à la mesure, malgré l'opposition des conseils municipaux intéressés, il est statué par un décret rendu dans la forme des règlements d'administration publique.

Je n'ai pas d'instructions spéciales à vous adresser à l'égard des projets qui exigent l'intervention d'un décret ou d'une loi ; plusieurs circulaires y ont déjà pourvu. Vous vous reporterez notamment à celle du 29 août 1849.

Les arrêtés que vous serez appelé à prendre dans le cas que je viens de spécifier seront libellés dans la forme des décrets rendus aujourd'hui en exécution de la loi du 18 juillet 1837. Vous aurez soin d'y viser les pièces qui constatent l'accomplissement des formalités d'instruction exigées par cette loi, savoir : le procès-verbal d'enquête, l'avis de la commission ou des commissions syndicales, l'avis favorable du conseil municipal ou des conseils municipaux délibérant avec le concours des plus imposés, l'avis du conseil d'arrondissement et l'avis favorable du conseil général, de telle sorte que l'arrêté porte en lui-même la preuve de sa régularité.

Dans le dispositif de ces actes, la fixation des limites devra toujours être en concordance parfaite avec les indications du plan, lequel restera joint à la minute de l'arrêté. Enfin, s'il y a lieu, vous réglerez par le même arrêté les conditions des réunions ou des distractions que vous aurez prononcées, ainsi que le prescrit l'article 7 de la loi du 18 juillet 1837.

Vous voudrez bien me transmettre deux expéditions de vos arrêtés; l'une restera déposée dans mes bureaux et l'autre sera envoyée, par mes soins, à M. le ministre des finances En outre, vous les ferez insérer au Recueil des actes administratifs de la préfecture.

Art. 14. — La création des bureaux de bienfaisance est autorisée par les préfets, sur l'avis des conseils municipaux.

Aux termes de l'article 14, il vous appartient, Monsieur le Préfet, d'autoriser l'établissement des bureaux de bienfaisance, après avoir pris l'avis des conseils municipaux. En vous conférant cette attribution, le législateur s'est proposé d'encourager la distribution des secours à domicile, que facilite la création de ces modestes, mais excellentes institutions.

Dans l'intérêt même de ces établissements, et pour assurer leur stabilité, vous aurez soin d'exiger, avant de prendre une décision, qu'ils soient pourvus d'une dotation d'au moins 50 *francs*, soit en revenus d'immeubles, soit en rentes sur l'État, sans compter les subventions qui peuvent être accordées par les conseils municipaux et les recettes légalement attribuées aux pauvres, telles que le tiers du produit des concessions de terrains dans les cimetières et le droit établi, en faveur des indigents, à l'entrée des spectacles, bals et concerts.

Si des dons et legs de capitaux ou des remboursements sont faits aux bureaux de bienfaisance, ils devront être employés en achat de rentes 3 p. 100 sur l'État, à moins de vœux contraires formellement exprimés par les bienfaiteurs.

En ce qui concerne la composition des commissions administratives, vous n'aurez qu'à vous reporter au décret du 23 mars 1852, qui, comme vous le savez, a été rendu applicable aux bureaux de bienfaisance par le décret du 17 juin courant.

La loi nouvelle n'apporte aucun changement à la jurisprudence sur les affaires connexes, telle qu'elle résulte de l'avis du Conseil d'État du 27 décembre 1835. En conséquence, toutes les fois que la création d'un bureau de bienfaisance sera liée à l'autorisation d'une libéralité entre vifs ou testamentaire, sur laquelle il appartiendrait au Gouvernement de se prononcer, vous voudrez bien joindre au dossier les pièces relatives à la création de l'établissement, de manière à ce qu'un seul et même décret puisse statuer sur l'ensemble de l'affaire.

Il est de principe que les revenus des bureaux de bienfaisance doivent servir à distribuer des secours à domicile ou à faire soigner au sein de leurs familles les indigents malades ou infirmes qui, sans ce secours, seraient obligés de demander leur admission dans un hôpital. Aussi un bureau ne pourrait-il, à moins de fondation expresse, appliquer ses ressources à la création de lits dans un hospice, ou à l'établissement d'écoles, de salles d'asile, etc.

Enfin, je vous recommande, Monsieur le Préfet, de veiller à ce que les secours destinés aux pauvres leur soient distribués sans distinction de culte ou de catégories, et d'exiger chaque année, indépendamment du compte administratif, la production du compte moral, prescrit par l'instruction du 8 février 1823 et la circulaire du 10 mars 1866.

TITRE II.

Dispositions concernant les villes ayant 3 millions de revenus.

Art. 15. — Les budgets des villes et des établissements de bienfaisance ayant 3 millions au moins de revenus, sont soumis à l'approbation de l'Empereur, sur la proposition du ministre de l'intérieur.

Art. 16. — Les traités à passer pour l'exécution, par entreprises, des travaux d'ouverture des nouvelles voies publiques et de tous autres travaux communaux déclarés d'utilité publique, dans lesdites villes, sont approuvés par décrets rendus en Conseil d'État.

Il en est de même des traités portant concession, à titre exclusif ou pour une durée de plus de trente années, des grands services municipaux desdites villes, ainsi que des tarifs et traités relatifs aux pompes funèbres.

Aux termes de l'article 15, les budgets des villes ayant 3 millions au moins de revenus doivent être soumis à l'approbation de l'Empereur, sur la proposition du ministre de l'intérieur.

Cet article restreint les pouvoirs qui vous avaient été attribués par le décret du 25 mars 1852.

Le chiffre de 3 millions, à partir duquel cessera votre compétence, devra résulter des recettes ordinaires constatées, pendant les trois derniers exercices, aux comptes de la commune. Si l'article 15 est applicable à une commune de votre département, vous m'adresserez les propositions relatives au budget avec toutes les pièces qui s'y rattachent, le rapport du maire, les délibérations du conseil municipal et votre avis. Ces documents devront m'être transmis, au plus tard, au commencement du dernier trimestre de l'année, de manière à ce que le décret d'approbation puisse être rendu et notifié avant l'ouverture de l'exercice suivant, c'est-à-dire avant le 1er janvier.

Vous m'adresserez également, Monsieur le Préfet, avec toutes les pièces justificatives, les demandes de crédits supplémentaires faites en cours d'exercice, ainsi que les chapitres additionnels et les comptes administratifs. Je les approuverai, s'il y a lieu, en vertu des dispositions des articles 34 et 60 de la loi du 18 juillet 1837, que l'article 15 de la présente loi rend implicitement applicables aux communes ayant 3 millions de revenus.

Sauf les dispositions exceptionnelles concernant les villes qui ont plus de 3 millions de revenus, la loi nouvelle ne contient aucun article relatif à l'approbation des budgets communaux, mais les articles 3 et 5 de la loi entraînent, par voie de conséquence, une innovation que je dois vous signaler.

Il vous appartient, en vertu du décret du 25 mars 1852, d'approuver les budgets des communes, à moins qu'ils ne contiennent une imposition extraordinaire sur laquelle l'autorité compétente n'ait pas encore prononcé.

Cette dernière restriction a pour objet, comme vous l'expliquait un de mes prédécesseurs dans la circulaire du 5 mai 1852, de garantir que les préfets n'engageront pas à l'avance la décision du Gouvernement en ce qui concerne une imposition extraordinaire. Il suit de là, Monsieur le Préfet, qu'il n'existe désormais aucune raison pour soumettre à l'approbation du Gouvernement les budgets communaux où se trouve formulée la demande d'une imposition extraordinaire, si cette imposition est susceptible d'être votée directement par le conseil municipal, ou si le droit de l'approuver rentre dans votre compétence. Dans l'un et l'autre cas, l'approbation du budget vous appartiendra. Vous savez, de plus, que, aux termes de l'article 33 de la loi du 18 juillet 1837, vous êtes compétent pour approuver, sans exception, les budgets de toutes les communes dont les revenus ordinaires sont inférieurs à 100,000 fr.

Le décret du 25 mars (tableau A, n° 48), combiné avec l'article 2 de l'ordonnance réglementaire du 14 novembre 1837, attribue aux préfets l'approbation de tous les marchés de travaux ou de fournitures que les communes peuvent être amenées à passer de *gré à gré* avec des entrepreneurs quand des circonstances exceptionnelles ne leur permettent pas de recourir à la voie de l'adjudication.

L'article 16 de la loi actuelle vous retire ce droit d'approbation, à l'égard des marchés de gré à gré qui seraient passés par les villes ayant 3 millions au moins de revenus, pour l'exécution des travaux d'ouverture de nouvelles voies publiques et de tous autres travaux communaux déclarés d'utilité publique. Les marchés devant être, à l'avenir, approuvés par des décrets rendus en Conseil d'État, vous me les adresserez avec toutes les pièces à l'appui et vos propositions.

La même observation s'applique aux traités qui porteraient concession, à titre exclusif ou pour une durée de plus de trente années. des grands services municipaux des villes de cette catégorie, ainsi qu'aux tarifs et traités relatifs aux pompes funèbres, qui se trouvent ainsi replacés, dans ces villes, sous le régime établi par le décret du 18 mai 1806.

Art. 17. — Les dispositions de la présente loi et celles de la loi du 18 juillet 1837 et du décret du 25 mars 1852, qui sont encore en vigueur, sont applicables à l'administration de la ville de Paris et de la ville de Lyon.

Les délibérations prises par les conseils municipaux desdites villes, sur les objets énumérés dans l'article 1er et 9 de la présente loi, ne sont exécutoires, en cas de désaccord entre le préfet et le conseil municipal, qu'en vertu d'une approbation donnée par décret impérial.

Aucune imposition extraordinaire ne peut être établie dans ces villes, aucun emprunt ne peut être contracté par elles, sans qu'elles y soient autorisées par une loi.

Il n'est pas dérogé aux dispositions spéciales concernant l'organisation des administrations de l'assistance publique, du mont-de-piété et de l'octroi de Paris.

TITRE III.

Renouvellement des Conseils municipaux.

Art. 18. — A l'avenir, les conseils municipaux seront élus pour sept ans.

TITRE IV.

Dispositions diverses.

Art. 19. — Dans le cas où une commune sera divisée en sections pour l'élection des conseillers municipaux, conformément à l'article 7 de la loi du 5 mai 1855, la réunion des électeurs ne pourra avoir lieu avant le dixième jour, à compter de l'arrêté du préfet.

Art. 20. — Les gardes champêtres sont chargés de rechercher, chacun dans le territoire pour lequel il est assermenté, les contraventions aux règlements de police municipale. Ils dressent des procès-verbaux pour constater ces contraventions.

Art. 21. — Nul ne peut être maire ou adjoint dans une commune et conseiller municipal dans une autre commune.

Art. 22. — La commission nommée en cas de dissolution d'un conseil municipal, conformément à l'article 13 de la loi du 5 mai 1855, peut être maintenue en fonctions pendant trois ans.

Art. 23. — L'article 50 de la loi du 5 mai 1855 est abrogé.

Toutefois, dans les villes chefs-lieux de département ayant plus de 40,000 âmes de population, l'organisation du personnel chargé des services de la police est réglée, sur l'avis du conseil municipal, par un décret impérial, le Conseil d'État entendu.

Les inspecteurs de police, les brigadiers, sous-brigadiers et agents de police sont nommés par le préfet, sur la présentation du maire.

Si un conseil municipal n'allouait pas les fonds exigés pour la dépense, ou n'allouait qu'une somme insuffisante, l'allocation nécessaire serait inscrite au budget par décret impérial, le Conseil d'État entendu.

Art. 24. — Toutes les dispositions de lois antérieures demeurent abrogées, en ce qu'elles ont de contraire à la présente loi.

Finances des communes.

Impositions des Communes. (Circ. int. 27 août 1873.)

Monsieur le Préfet, la loi du 24 juillet 1867 a augmenté, vous le savez, dans une large mesure, les attributions des conseils municipaux en matière d'impositions extraordinaires, et elle a, par conséquent, modifié d'une manière importante les conditions auxquelles l'approbation de ces impositions était subordonnée en vertu de la loi du 18 juillet 1837. Les conseils municipaux, dans certains cas, les préfets, dans d'autres, sont devenus compétents pour autoriser les impositions extraordinaires dont la création, auparavant, devait être approuvée par décret (art. 3 et 5); enfin, des décrets suppléeront désormais, dans les limites spécifiées par l'article 7, aux lois qui seules pouvaient autoriser ces contributions.

Ces modifications peuvent, avant que la nouvelle loi n'ait subi l'épreuve de la pratique, faire naître quelques incertitudes dans l'esprit des administrations locales, et, pour faciliter l'application des principes qui devront les guider à l'avenir en pareille matière, j'ai fait dresser le tableau ci-joint que je vous prie de porter à leur connaissance. Elles y trouveront l'énumération des centimes soit ordinaires, soit spéciaux, soit extraordinaires dont le recouvrement alimente les recettes de leurs budgets, l'indication des cas où le concours des plus imposés est nécessaire pour régulariser le vote des conseils municipaux, et de ceux où les impositions rentreront dans le maximum à fixer chaque année par les conseils généraux, enfin, la désignation des autorités compétentes pour approuver les différentes impositions.

En ce qui concerne les impositions pour insuffisance de revenus, plusieurs de vos collègues ont soulevé une observation à laquelle je m'empresse de répondre. Se fondant sur ce que les articles 3 et 5 de la loi du 24 juillet 1867 confèrent aux conseils municipaux et aux préfets le droit d'approuver, dans des limites déterminées, les contributions extraordinaires votées pour des dépenses extraordinaires d'utilité communale, ils m'ont demandé si dorénavant les préfets ne seraient pas compétents pour autoriser les centimes destinés à parer à l'insuffisance des revenus annuels et qui, dans bien des communes, sont une ressource indispensable pour assurer la marche des différents services municipaux. L'objection est sérieuse : on peut prétendre, en effet, que la loi nouvelle, en étendant les attributions des conseils municipaux et des préfets en matière d'impositions extraordinaires, aurait dû, à plus forte raison, augmenter leurs pouvoirs respectifs en ce qui touche les impositions destinées aux dépenses facultatives annuelles. Mais il faut reconnaître, d'un autre côté, que la loi est muette sur ce point, et qu'en même temps elle limite expressément les dispositions de l'article 3 aux centimes votés pour dépenses extraordinaires d'utilité communale. Elle paraît donc avoir implicitement laissé en vigueur les dispositions de la loi du 18 juillet 1837 (art. 40). Je suis amené à en conclure que les centimes votés, chaque année, par les conseils municipaux pour faire face, par suite de l'insuffisance de leurs revenus, aux dépenses facultatives annuelles, continueront, comme par le passé, à être autorisés par décrets, et je vous prie de vous conformer, à cet égard, aux règles tracées par la circulaire du 13 décembre 1842.

L'anomalie apparente que présente cette interprétation de la loi peut d'ailleurs se justifier par deux raisons : le vote des centimes extraordinaires pour suppléer à l'insuffisance des revenus ordinaires de la commune est l'indice d'une situation exceptionnelle et fâcheuse sur laquelle il n'est pas sans intérêt d'appeler l'attention du Gouvernement. En outre, on peut s'expliquer que le législateur ait entendu réserver à l'administration supérieure l'approbation d'impositions extraordinaires qui ne sont pas limitées à un maximum, comme celles que les conseils municipaux sont appelés à voter par application des articles 3 et 5 de la loi nouvelle. La nécessité d'une approbation, dans ce cas, remplace la garantie qui résulte, dans l'autre cas, de la fixation du maximum.

Je suis disposé, Monsieur le Préfet, à tenir grand compte des observations qui m'ont été présentées à ce sujet, et j'ai l'intention d'étudier la question de savoir s'il ne conviendrait pas, pour répondre à des besoins constatés dans un grand nombre de communes, soit d'augmenter la quotité des centimes ordinaires fixés chaque année dans la loi de finances, soit de supprimer ou tout au moins de simplifier la formalité de l'autorisation, soit enfin de charger les conseils généraux de fixer un maximum spécial pour les impositions dont il s'agit. Mais, avant de prendre une détermination, je désirerais connaître le nombre des communes qui sont obligées, dans votre département, d'avoir recours tous les ans à des centimes extraordinaires pour subvenir à leurs dépenses annuelles soit obligatoires, soit facultatives, ainsi que le chiffre des centimes que chacune d'elles est appelée à supporter à cette occasion. Je vous prierai donc de faire remplir le second tableau ci-joint et de me le renvoyer avec vos observations au 1er novembre prochain. Ce n'est qu'après avoir résumé l'ensemble des besoins qui me sont signalés par cette enquête que je pourrai être complétement fixé sur la question et examiner s'il y aurait lieu de saisir le Conseil d'État et le Corps législatif d'une proposition.

Signé : LA VALETTE.

Formalités auxquelles est soumis le vote des diverses impositions communales.

NOMENCLATURE des centimes et lois qui les autorisent.	LE CONCOURS des plus imposés est-il nécessaire?	SONT-ILS COMPRIS dans le maximum à fixer par les conseils généraux en vertu de la loi du 18 juillet 1866, art. 4?
Centimes sans affectation spéciale destinés aux dépenses annuelles.		
Centimes ordinaires. (5 centimes additionnels au principal de la contribution foncière et de la contribution personnelle-mobilière.) Loi du 11 frimaire an VII et loi de finances du 15 mai 1818 (art. 31).	Non.	Non.
Ces centimes sont votés directement par le conseil municipal, dans la limite du maximum fixé par la loi.		
Centimes pour dépenses annuelles obligatoires. (Insuffisance de revenus.) Loi du 18 juillet 1837 (art. 40).	Oui. (Loi du 18 juillet 1837, art. 42.)	Non. (Circulaires des 5 mai 1852 et 3 août 1867.)
Par le préfet, pour les communes ayant moins de 100,000 francs de revenus. Par décret, pour les communes ayant plus de 100,000 francs de revenus. (Loi du 18 juillet 1837, art. 40.)		
Centimes pour dépenses annuelles facultatives. (Insuffisance de revenus.) Loi du 18 juillet 1837 (art. 40).	Oui. (Loi du 18 juillet 1837, art. 42.)]	Non. (Circulaires des 5 mai 1852 et 3 août 1867.)
Par décret, pour les communes ayant moins de 100,000 francs de revenus. Par décret en Conseil d'Etat, pour les communes ayant plus de 100,000 francs de revenus. (Loi du 24 juillet 1867, art. 7.)		
Centimes spéciaux.		
Centimes spéciaux pour les chemins vicinaux. (5 centimes additionnels au principal des quatre contributions directes. (Loi du 21 mai 1836 (art. 2).	Non. (Loi du 21 mai 1836, art 2.)	Non. (Circulaires des 5 mai 1852 et 3 août 1867.)
Ces centimes sont votés directement par le conseil municipal, dans la limite du maximum fixé par la loi.		
Centimes extraordinaires pour les chemins vicinaux ordinaires. (3 centimes additionnels aux quatre contributions directes.) Loi du 24 juillet 1867 (art. 3).	Oui. (Loi du 24 juillet 1867, art. 6.)	Non. (Circulaire du 3 août 1867.)
Ces centimes sont votés directement par le conseil municipal, dans la limite du maximum fixé par la loi.		
Centimes spéciaux pour l'instruction primaire. (3 centimes additionnels aux quatre contributions directes. (Loi du 15 mars 1850 (art. 40).	Non. (Loi du 15 mars 1850, art. 40.)	Non. (Circulaires des 5 mai 1852 et 3 août 1867.)
Ces centimes sont votés directement par le conseil municipal, dans la limite du maximum fixé par la loi.		

<table>
<tr><th>NOMENCLATURE
des centimes
et lois qui les autorisent.</th><th>LE CONCOURS
des plus imposés
est-il nécessaire?</th><th>SONT-ILS COMPRIS
dans le maximum à fixer
par
les conseils généraux
en vertu de la loi
du 18 juillet 1866, art. 4?</th></tr>
<tr><td>Centimes extraordinaires pour la gratuité de l'instruction primaire. (4 centimes.) Loi du 10 avril 1867 (art. 8).</td><td>Oui.
(Loi du 18 juillet 1838, art. 42, et circulaire du 3 août 1867.)</td><td>Non.
(Circulaire du 3 août 1867.)</td></tr>
<tr><td colspan="3">Ces centimes sont votés directement par le conseil municipal, dans la limite du maximum fixé par la loi.</td></tr>
<tr><td>Centimes spéciaux pour traitement des gardes champêtres. (Centimes additionnels au principal des quatre contributions directes.) Loi de finances du 31 juillet 1867 (art. 16).</td><td>Oui.
(Loi du 31 juillet 1867, art. 16.)</td><td>Non.
(Circulaires des 5 mai 1852 et 3 août 1867.)</td></tr>
<tr><td colspan="3">Ces centimes sont votés directement par le conseil municipal, dans la limite du maximum fixé par la loi.</td></tr>
<tr><td colspan="3">Centimes sans affectation spéciale destinés à pourvoir aux dépenses non annuelles.</td></tr>
<tr><td>Centimes extraordinaires pour dépenses obligatoires non annuelles. Lois des 18 juillet 1837 (art. 40), 18 juillet 1866 (art. 4) et 24 juillet 1867 (art. 3, 5 et 7).</td><td>Oui.
(Lois des 18 juillet 1837, art. 42, et 24 juillet 1867, art. 6.)</td><td>Oui.
(Circulaire du 3 août 1867.)</td></tr>
<tr><td colspan="3">Par le conseil municipal, jusqu'à concurrence de 5 centimes pendant cinq ans. (Loi du 24 juillet 1867, art. 3.) Par le préfet, si l'imposition, votée pour douze ans au plus, ne dépasse pas le maximum fixé par le conseil général. (Loi du 24 juillet 1867, art. 5.) — Au-dessus du maximum et pour une durée supérieure à douze ans : Par le préfet, pour les communes ayant moins de 100,000 francs de revenus. Par décret, pour les communes ayant plus de 100,000 francs de revenus. (Loi du 18 juillet 1837, art. 40.)</td></tr>
<tr><td>Centimes extraordinaires pour dépenses facultatives non annuelles. Lois des 18 juillet 1837 (art. 40), 18 juillet 1866 (art. 4), et 24 juillet 1867 (art. 3, 5 et 7).</td><td>Oui.
(Lois des 18 juillet 1837, art. 42, et 24 juillet 1867, art. 6.)</td><td>Oui.
(Circulaire du 3 août 1867.)</td></tr>
<tr><td colspan="3">Par le conseil municipal, jusqu'à concurrence de 5 centimes pendant cinq ans. (Loi du 24 juillet 1867, art. 3.) Par le préfet, si l'imposition, votée pour douze ans au plus, ne dépasse pas le maximum fixé par le conseil général. (Loi du 24 juillet 1867, art 5.)— Au-dessus du maximum et pour une durée supérieure à douze ans : Par décret, pour les communes ayant moins de 100,000 francs de revenus. (Loi du 18 juillet 1839.) Par décret en Conseil d'État, pour les communes ayant un revenu supérieur à 100,000 francs. (Loi du 24 juillet 1867, art. 7.)</td></tr>
<tr><td colspan="3">Impositions d'office.</td></tr>
<tr><td>Centimes imposés d'office pour dépenses obligatoires en cas de refus des conseils municipaux. Loi du 18 juillet 1837 (art. 39).</td><td>Oui.
(Loi du 18 juillet 1837, art. 42.)</td><td>Non.
(Circulaire du 5 mai 1852.)</td></tr>
<tr><td colspan="3">Par décret, dans la limite du maximum fixé par la loi de finances. Par une loi, au-dessus de ce maximum. (Loi du 18 juillet 1837, art. 39.)</td></tr>
</table>

4. Les droits de voirie établis par les communes ne sont pas recouvrés dans les mêmes formes que les contributions directes, et aucune loi n'attribue aux conseils de préfecture le pouvoir de statuer sur les contestations relatives à l'assiette et au recouvrement de ces droits. Les tribunaux civils sont régulièrement saisis de l'opposition formée par un réclamant aux poursuites de la commune. (*Arr. du C. 30 avril 1867.*)

Loi relative à la nomination des maires et des adjoints.

(12 août 1876.)

Le Sénat et la Chambre des députés ont adopté.

Le Président de la République promulgue la loi dont la teneur suit :

Article 1er. — Les articles 1 et 2 de la loi du 20 janvier 1874, relatifs à la nomination des maires et des adjoints, sont abrogés.

Art. 2. — Provisoirement, et jusqu'au vote de la loi organique municipale, il sera procédé à la nomination des maires et adjoints conformément aux règles suivantes :

Le conseil municipal élit le maire et les adjoints parmi ses membres, au scrutin secret et à la majorité absolue.

Si, après deux scrutins, aucun candidat n'a obtenu la majorité, il est procédé à un scrutin de ballottage entre les deux candidats qui ont obtenu le plus de suffrages. En cas d'égalité de suffrages, le plus âgé est nommé.

La séance dans laquelle il est procédé à l'élection du maire est présidée par le plus âgé des membres du conseil municipal.

Dans les communes chefs-lieux de département, d'arrondissement et de canton, les maires et adjoints sont nommés, parmi les membres du conseil municipal, par décret du Président de la République.

Art. 3. — La présente loi est applicable à l'Algérie, sous réserve des dispositions du décret du 27 décembre 1866, relatives à la nomination des adjoints indigènes musulmans.

TABLE DES MATIÈRES

TROISIÈME PARTIE.

APPENDICE.

Nancy, imp. Berger-Levrault et Cie.